らせんの日々

作家、福祉に出会う

安達茉莉子

取材協力　社会福祉法人南山城学園

ぼくみん出版会

らせんの日々

作家、福祉に出会う

一枚の古い追悼文が残っている。少し黄ばんだ、Ａ４のコピー用紙。二〇〇七年に社会福祉法人南山城学園《みなみやましろがくえん》で、職員向けに発行された広報誌だ。

昭和の時代から、数十年に渡り福祉の道に従事してきたひとりの職員が、五〇歳を前にして急逝した。その追悼文は、故人が過去に、福祉と「支援」について書いた文章を引用していた。

「上から見れば、堂々めぐりのように見え、横から眺めれば後退しているようにも見える。しかし、事実は、一歩一歩であろうとも、確実にせり上がってゆくもの、それが〝らせん〟である」

追悼文はこうつづく。

「福祉に従事することは、多かれ少なかれ、〝らせん〟のようなものである」と。

同じところをぐるぐると回っていて、自分が前に進んでいるのか後ろに進んでいるのかもわからない。答えのない日々。だけど、一歩一歩でも、少しずつ上昇していく。そんな言葉を遺《のこ》した人がいて、ずっと覚えていた人がいる。

私が追悼文に出会ったのは、それから約二〇年後のことだった。

らせんの日々　目次

プロローグ　ここは利用者さんたちが暮らす場所　9
第1章　クリエイティブな風景、丁寧な支援　21
第2章　福祉の現場で、自分を表現できた　35
第3章　その人の人生に思いを巡らせること　49
第4章　主体性を育てるあたらしい保育　63
第5章　変化に気づかなければ命にかかわる仕事　81
第6章　「誰でもできること」をプロフェッショナルに　97
第7章　知ろうとしないと、歩み寄ることもできない世界　115

第8章　地域交流から生まれるエンパワーメント　137
第9章　関係から降りないために　157
第10章　わからなさを大切に、複雑性と向き合う　185
エピローグ　この道が永くつづくように　203

謝辞　214
南山城学園の「基本理念」と「七つの誓い」　218
参考文献　220
表記について　222

プロローグ

ここは利用者さんたちが暮らす場所

「ここは、利用者さんたちの生活の場なんです。職員は、そこに間借りさせてもらっているだけ」

京都、南山城学園。敷地内の施設を案内してくれたときに何気なくそう言ったのは、学園職員の佐々木明子さんだ。短い黒髪に、細い銀縁の眼鏡。知的で思慮深い眼差しの印象そのままに、穏やかな声で話す佐々木さんは、勤続年数二〇年近くになるベテランだ。

間借り？　と、聞き直す。佐々木さんは「はい、そうなんです」と答える。

「職員はみんなそう思っていると思いますよ。ここは利用者さんたちが暮らす場所で、私たち職員は、そこに通って、利用者さんたちの生活をお手伝いしているんですよね」

南山城学園は、一九六五年に磯斉志初《いそひとし》代理事長が京都府城陽《じょうよう》市に設立した社会福祉法人だ。入所更生施設に始まり、二〇二五年には創立六〇周年を迎える。当初は知的障害のある方たちが入居する定員三〇名の小さな施設だったが、現在は京都府内を中心にいくつもの事業所を運営し、障害のある方や高齢の方に向けた支援、乳幼児保育など、多様な分野での福祉事業をおこなっている。職員数は約八〇〇人。比較的大きな規模の法人である。

遠くに青々とした山並みを眺めながら、なだらかな坂道を上っていく。空が広い、ひらけた土地に、南山城学園の施設が並ぶ「本園」と呼ばれる敷地がある。はじめてその地に立ったときの印象は、それまで抱いていた福祉施設のイメージとはまったく違ったものだった。

大きな杉や樅《もみ》の木、葉先が薄赤く染まっている楓《かえで》の木。静かで落ち着いた雰囲気につつまれ、心地よい風が吹いている。よく手入れされた小道をゆったりと登っていった先に、彩雲《あやぐも》館《かん》はある。ここは学園の玄関口であり、象徴的な場所でもある。利用者さんのご家族が訪問する際に利用されるほか、保護者会や各種研修、コンサートなどの地域交流イベントが行われる。災害時には地域の福祉避難所にも指定されている。

私はこれから、この彩雲館の一室に泊まらせてもらって、約一週間の滞在取材をおこなうことになっている。一歩足を踏みいれて、思わず、わあ、と声が出て、仰《あお》ぎ見た。白塗りの天井は滑らかなアーチになっていて、天窓からは光が淡く降り注いでいる。決して華美《かび》ではなく、素朴だが、やさしくやわらかい空間。ここは一体、どこだろう？

まるで、小さな森のなかにあるチャペルに来たようだった。ここの建物はなんでこんなに素敵なのだろう。それは私が南山城学園に対してはじめに抱いた印象だった。


はじめに少しだけ自己紹介をする。

私は現在、作家・文筆家として活動している。一九八四年に大分の山間の集落に生まれ、大学で上京し、卒業後は防衛省に事務官として採用された。学生時代から作家を目指していた私は、東日本大震災を機に防衛省を退職し、その後は兵庫県丹波篠山《たんばささやま》市の限界集落、イギリスの大学院留学などさまざまな場所を経験している。帰国後は民間企業やアルバイトなど、作家として二足の草鞋《わらじ》を履きながら、我ながらいろんな組織や環境で働いてきた。

正直なところ、それまで福祉を身近な存在とは感じていなかった。全然知らなかったといっていいくらいだ。九州の実家の祖父母が介護ヘルパーさんや高齢者施設のお世話になったが、私が自分で施設を探したわけではない。福祉職に就いた知人もいるが、直接話を聞いたこともない。福祉の門外漢であった私が、なぜ南山城学園の取材を行うことになったのか。私が一番はじめに書いた本は『毛布―あなたをくるんでくれるもの』（玄光社）という。自分がいままでいろんな人にかけてもらった言葉が、毛布のように自分を包んでくれた。そのなかで、私は傷を癒《い》やし、再生していくことができた。そんな実感を綴ったエッセイ集だ。そこではケア、とりわけセルフケアについての文章を書いている。セルフケアといっても、ただ入浴剤を良いものにしたり、深呼吸をして、睡眠を長くとって、適度に運動をして……というものではなく、その人の尊厳や魂まで、丸ごと触れるものでなければいけないと考えて書いたものだった。

　次の本『私の生活改善運動 THIS IS MY LIFE』（三輪舎）では、自分の生活を改善していく実体験を書いた。それは、ただＱＯＬ（生活の質）を上げようという話ではない。いま自分を取り巻く暮らしは、自分にとって本当に幸せなものか。自分の胸に手を当てて、ひとつひとつ部屋を、暮らしを変えていく。そうすることで、ほかならぬ自分自身に近づいていく。

どんなテーマで書くにしても、その根底にあるのは「生きること」について。そして「自分らしく生きられる世界」のことだった。

私が「福祉」にはじめて出会ったのは、二〇二四年の三月のことだった。学生や社会人が集まって福祉に関するディスカッションやプレゼンテーションをおこなう「ふくしデザインゼミ」にコメンテーターとして呼んでもらったのだ。私が書いた書籍や、登壇したトークイベントをきっかけに声をかけてくれたのだという。

ゼミに参加した彼らは福祉施設でフィールドワークを行い、そこでの経験をチームに分かれて発表していた。そのなかで、福祉施設に「ただいること」をテーマに、そこで「ただ滞在する」ことをやってみたチームがいた。彼らの発表は強く印象に残るものだった。滞在中、「何かしないとそこにいてはいけない」「ちゃんと役割を果たせないとそこにいてはいけない」という縛りが自分のなかに根強くあるのが浮き彫りになったという。そして、その縛りをほどき、ただそこにいるだけの自分を本当にゆるせたときに、ほかの誰かに対しても、何も求めずにただいるだけで良いと肯定できるようになったのだと。

自らの一番弱く脆《もろ》い部分を他者に向けて開き、根源的な部分で人間の存在を肯定する。そんな体験を、まだ二〇代くらいの若い人たちが、自分の言葉で話している。発表会を聞きに来ていた福祉施設の職員もまた発表者に対して、自分の弱さをゆるすことが大事であること、揺らぎを肯定することが福祉にかかわる人間にとっては不可欠であることを繰り返し語っていた。

驚いた。これまで自分が生きて働いてきた世界では、誰もそんなことを言っていなかった。できて当然。努力して当然。そんな、自己責任的、能力主義（能力がある人が優れているという考え）的な世界とはまったく異なる視点が、福祉の世界にはある。福祉には、現代の日本社会がもっと生きやすくなるヒントがある。そう感じてから数か月後、ふくしデザインゼミの企画・運営にかかわっている方から声をかけてもらい、南山城学園の取材をすることになった。

元々は学園がおこなう新規採用広報の一環として、職員の方がどのように働いてこられたか、パンフレットでは伝えきれないパーソナルな部分について聞き書きをして、小さな冊子にまとめるというプロジェクトだった（それがこのような形で書籍になるとはそのときは思っていなかった）。しかし、職員の方々にインタビューを始めてすぐに、いや、最初に学園を案内してもらっているうちに、ここで実践されている思考法、コミュニケーションのありかた、根本的な福祉の考えかたは、単に採用パンフレットという枠を超えて、世の中に広く伝えられなければいけないと感じた。現代の社会にとって大事なことが、ひとりひとりの語りに深く根づいていた。


「私たちが一番大事にしていることは、人を大事にする、ということです」

学園事務局のみなさんとお会いしたときに、伊藤裕之課長が、最初にそう言った。

「人を大事にする」なんて、言うのは簡単だ。だけど、私が一週間の滞在のあいだに目にしたものは、それがこんなに隅々まで根づいているのかと驚くほどの、支援のありかただった。

六〇年にわたって醸成《じょうせい》されてきたマインドと、具体的で、地道で、そしてときにクリエイティブな実践。

人を大事にするとはどういうことか。人の尊厳とは何か。それはどうやったら持続的に可能になるのか。私がずっと考えてきたことが、南山城学園では、日々の実践のなかに確立されている。

人を大事にすること——たとえばそれは、空間や建築にまで表れている。思わず見上げた、彩雲館の美しくてあたたかな建築。ただ単にきれいな施設、というわけではない。ここは、誰かの滞在をもてなす高級ホテルではない。礼拝のためのチャペルでもない。華美につくられているわけではないが、どこを見ても、丁寧に美しく仕上げられている。偶然ではなく、たしかな意図をもって。木漏《こ も》れ日がうつる白壁を見上げていると自然とほっとする。ここにいると、自分も大事な存在として扱われていると思えるのだった。

磯彰格《いそあきただ》理事長は、「人を支えるのは人しかいない」ということが福祉の本質だと語る。エビデンスに基づく継続的な支援の手法。個人の心がけというレベルを越えて、組織全体で共有されている意識。虐待防止や事故防止のために、パーソナルな努力だけに頼らずに構造化されている取り組み。何より、若手も含めて、堂々と、のびのびと、生き生きと働いている職員さんの姿。

もしここで実践されていることが、社会の隅々に、会社に、普段接する人たちのあいだに実装されたら、世の中はどんなふうに変わっていくだろう。福祉の仕事に携わったことのない人たちが、福祉から学ぶようになったら、社会はどんなふうに変わっていくだろう。

私が学園で感じたさまざまな驚きは、福祉の世界では「当たり前」なこともあるかもしれない。だけど、その「当たり前」は、少なくとも私が生きてきた社会に、どれだけ行き渡っているだろう。南山城学園で実践されていること、そして福祉の世界の「当たり前」は、ひとりの人が自分の生を生きていくための、そして、これからの日本社会がより生きやすいものになっていくための、最先端なのだ。

第1章

クリエイティブな風景、丁寧な支援

一週間の滞在取材が始まった。

ホテルに滞在して、インタビューのために通うなんてことは、できればしたくない。施設で、どんなふうに人が暮らしているか。どんな表情で、どんな顔をしているか。どんな音がして、どんなにおいがするか。どんなに限られた取材時間であっても、それを丸ごと感じたいと思った。本当に片隅でいいので、できれば施設に寝泊まりさせてもらえないかと打診した。負担をかけてしまうんじゃないか、迷惑をかけてしまうんじゃないかと、言い出したあとで我に返ったが、快くOKしてくれた。

学園は、福祉を学ぶ学生の実習を日常的に受け入れているそうで、実習生が泊まり込みで長期滞在できる部屋があるのだという。私はそのなかの一部屋をお借りして、朝から晩まで学園に滞在させてもらえることになった。なんと食事も、学園で作られるご飯を三食提供してもらえることになった。これはもう、自分にできる最大限の仕事をするしかない！　意気込んで初日を迎えた。

部屋に荷物を置いて、彩雲館の反対側の出口から出ると、広々とした円形の広場が目の前に広がる。色づき始めた樹々に、こんもりとした小山がいくつもある芝生の広場。遠くには山並み。実際、広場を歩いてみると面白い。運動したいときは、小山に上がったり、いくらでも走り回ったりできる。走るのが難しい人は、小山と小山のあいだを歩いていくことができる。疲れたら木のそばに座り込んだり、立ち止まったりすることもできる。この広場もまた、おそらくたまたまそうなっているわけではなくて、そのような意図で設計されている。

佐々木さんが、園内を案内してくれた。

円形の広場と中庭を囲むように、低層の建物が建っている。彩雲館を背にして一番右にある〈円《まどか》〉は、主に重度の知的障害のある方が入居している。その左手は、知的障害や発達障害のある方を対象に就労支援をおこなっている〈魁《さきがけ》〉。その左手は高齢になられた知的障害のある方を対象に支援をおこなう〈紡《つむぎ》〉と〈和《なごみ》〉。このほかに、施設の利用者さんたちが日々仕事をする作業場に、造形活動をおこなう工房、診療所などが立ち並んでいる。

診療所に入ると、佐々木さんが利用者さんに笑顔で挨拶をしている。診療所があるんですね、と何気なく聞いたら、佐々木さんはこう言った。

「初代理事長の時代からあります。ないとあかん、って。障害のある方にとって総合病院で順番待ちをするのはなかなか難しかったりもするんです。いろんな検診や検査もここでできます。障害のある方を専門とする内科のほか、歯科医の先生も出向してきているので、利用者さんは歯科治療もここで受けられるんですよ」

診療所立ち上げ後、お医者さん集めには苦労したのだという。現理事長は医師でもあり、現在も利用者さんの診療に携わっているという。診療所を訪れたのは、学園を案内してもらうなかでも割と序盤だった。この時点ですでに、私は「人を大事にする」を具体化すると、こういうことになるのかと感じていた。園内の診療所。たしかに、総合病院に出かけていって順番を待つのは、利用者さんにとってどれだけ負担になるだろう。お医者さんが必ずしも障害や特性に理解や経験があるわけでもないだろう。そんなことにこれまでまったく思い至らなかった。
二階建ての作業棟〈希《まれ》〉では、利用者さんが建築資材の細かな部品の組み立てをしていたり、販売するクッキー作りや堆肥《たいひ》作りをしたりしていた。堆肥の元になる枯れ草も利用者さんが刈りに行っているという。

「人によって、集団での作業が苦手な方もいます。ひとりのほうが作業に集中できる方も。その人それぞれの特性に合わせて作業を選んでいます」

細かな部品の組み立てなどは、ひとりで集中する作業を得意とする利用者さんとくに相性が良い。ただ、それらは一般企業の下請け的な位置づけになるので、利用者さんに還元できる工賃が少なくなってしまう。そこで、より多くの工賃を還元しようと、二〇二二年度から「KOUFUKU（工・福）連携」というプロジェクトが立ち上がった。作業所に先端技術を用いた産業用ロボットを導入し、それを利用者さんの細かな手作業と組み合わせることで、付加価値の高い商品を生産していく。結果、元々細かい作業が得意だった利用者さんは作業への意欲や満足度が大きく向上したという。手の震えがある利用者さんの場合は、比較的大きな部品の組み立てを担当してもらうなど、細やかな工夫がなされている。職員は研修や企業との連携を積極的に行うことで、製品としても良品率が上がっている。

障害のある方がおこなう作業は、単純作業であり低賃金である、そんな既成概念を打ち壊すものになる。それだけではなく、KOUFUKU連携で生産する製品は、川の水位計や見守りセンサーといった、地域社会の公共を支えるものに使われることを目指しているそうだ。最先端ロボットと、利用者さん。福祉が、まさにあたらしい世界をつくっている。

水先案内人のような佐々木さんは、案内しながら、穏やかな声でそんなイノベーティブな話をどんどん話してくれる。ひとつひとつの驚くべきエピソードに、私はだんだん頭がクラクラしてきた。

「ここは〈紡〉です。知的障害のある方で、高齢の方を対象にした入所施設ですね」

建物に入ると、カン、カン、と何かを叩くような音がしている。なんだろうと思ったら、利用者さんたちが、職員と大きな作業机を囲んで、トンカチとナタで木材を割っていた。

「いまね、薪を作ってはるんですよ。販売もするんです」

佐々木さんが教えてくれた。

「キャンプ好きの職員がいて、薪を割っていたときに、これは利用者さんの活動にええんちゃうかって思いついたそうで。やってみたら、いまでは結構人気の活動になっていますね」

なんと。プライベートでそんなふうにピンとくる瞬間があるなんて。

掲示板に「紡の湯」と書かれたポスターが掲示されている。私の視線を追って、佐々木さんが説明してくれた。

「それも職員の発案で、利用者さんの毎日のお風呂タイムを楽しんでもらえたらって」

ふつうのお湯に入浴剤を入れているだけなんですけどね、と笑みを浮かべる佐々木さんの背中を追いながら、私は引きつづき圧倒されていた。ここに来てから、目に入るものが何もかも創意工夫に溢《あふ》れている。そこらじゅうにクリエイティブな空気がありますね、と思わず口をついて出た。

佐々木さんは「そうですか?」と、私がそう言ったことが意外だったようだ。考えるように斜め上を見る。

「でも、たしかに、なんでもやってみたらええんちゃう？　って文化が学園にはありますね。あかんかったら、またそのとき考えたらええやん。まあしゃあないか、次行こうって」

歩きながら、ほかにもいろんなことを話してくれた。

「食事をものすごく早く食べてしまう傾向がある利用者さんがいて。誤嚥《ごえん》の危険性があるので、なんとかゆっくり食べていただけないか、職員でうーんって対策を考えたんです。そしたらある職員が、お重箱《じゅうばこ》にしてみたらどうやろう、って思いついて」

重箱。どういうことだろう。

「二段の重箱にして、なかに小鉢《こばち》をいくつも入れて、そこに食事をきれいに盛りつけたら、自然とゆっくり食べはるんちゃうかなってなったんですよ」

そんな発明があり得るのか。私は最初、食べにくくすることで、食事のスピードを落とす方法をイメージしていた。そんな乏《とぼ》しい発想ではなく、よりゆったりと食べられる、エコノミークラスからファーストクラスにバージョンアップされるような豊かな方法を思いつくなんて。感嘆している私をよそに、それでも佐々木さんの口調は変わらず淡々としている。

「ほかにも、いっぱいあるんですよ」

私たちは〈紡〉の利用者さんが使用する工房の前を歩いていた。工房の窓ガラスにかけられた簾《すだれ》を、佐々木さんが手で示す。

「この簾も、利用者さんが作ってはるんです。特殊な簾なんですよ。京都府南部は伝統的にお茶の産地で。伝統的なお茶の農法では、茶畑に葦簀《よしず》が必要なんです。だけどその葦簀を作る職人さんがほぼ廃業されて困っていることをたまたま職員が耳にして。これもピンときて、その職員が職人さんに弟子入りして、作りかたを教わって、それを利用者さんに伝授して、ここで作るようになったんです」

職員が職人さんに弟子入り……。その伝統的な製法で作られるお茶は、農林水産大臣賞を何度も受賞する最上級のお茶だった。自分たちがかかわった作業が、銘茶の生産に役立った。利用者さんたちはとても喜んだという。

「それで、この工房の前で、利用者さんとお茶会を開いたんです」

いまではみなさん、葦簀の職人の域に達していますよ、と笑う佐々木さんの表情を見ながら、私はもう言葉を失っていた。福祉の世界に対して私が抱いていた乏しい想像なんて遥か先の先まで超越した、すごいところに来ていることだけがわかった。

まだつづきがあった。

〈紡〉の一階に戻ると、中廊下に掲示板がある。そこには生き生きとした掲示物がいくつもあった。「自治会通信」（なんと〈紡〉には利用者さんの自治会がある！）に、ちぎり絵で作られたアート作品。その隣に、「旦《だん》さん新聞」（〝旦さん〟は仮名）と書かれた手書きの紙が掲示されている。これも利用者さんが制作している新聞だという。何号も発刊されていて、読んでいて楽しい。

この時点では、私はまだ誰にもインタビューをしていなかった。だけどすでに、こうした掲示物やさまざまな取り組みから、どんな人がどんなふうに働いているのか、感じ取っていたように思う。

ここで働くうえで、どんなことが大事だと思いますか、と佐々木さんに聞いてみた。

「自分の発想を、てらいなく出せる職員が増えるといいなと思います。どうしたって、忖度《そんたく》しがちやないですか。こんなこと言うたらあかんかなって、飲み込みがちになる。そこを、やってみたらええやん、って私たちも言います。豊かな発想の人が増えてほしいかな……」

クリエイティブで情熱的なパイオニア精神がここにはある。

だけど、それだけではないですね、と佐々木さんが言い直した。

「一番大事なんは、目の前の利用者さんのことをいかに丁寧に見てできるか、ですね。それが基本で、大前提です。目ヤニがついていたら拭《ぬぐ》って、足の指のあいだまできれいに洗えるか。基本的なことをいかに丁寧にできるかが大事です」

南山城学園の新卒採用サイトには「フクシをこえる」というフレーズがある。福祉を超えていく。でも、超えていった先に着地するのは、いつだって目の前の人にどれだけ丁寧に向き合うことができるかという、支援の原点だ。

「そういう意味では、これから話してもらう西川なんてすごく良いですよ。インタビュー対象の職員のなかでは一番若手ですけど、そういう丁寧なことができる職員なんです」

佐々木さんはそう言って微笑《ほほえ》み、時計を見た。最初のインタビューが、もうあと少しで始まる。

第2章

福祉で自分を表現できた

まっすぐな姿勢に、重心の低い安定した歩きかた。一リットル入りのウォーターボトルを片手に「よろしくお願いします」と、会議室に入ってきた瞬間、その場がぱっと明るくなるような雰囲気があった。入職二年目となる西川慧人《あきと》さんの第一印象は、潑剌《はつらつ》とした、明るく爽《さわ》やかなスポーツマンだった。実際そうなのだ。だけど、西川さんは、そんな見た目だけではわからない、生きづらさとともに生きることを知っている人だった。

「小さなころから吃音症《きつおんしょう》があったんです。いまはマシになりましたが、中学生まではうまく言葉が出なくて。自分にも周囲にも理解がなく、どもりがち、なんて言われたり」

小学校でクラスが変わるたびに何気なく行われる自己紹介が苦痛だった。にしかわ、という自分の名字が一番出てこない。当時は吃音という言葉や知識が、自分にも周囲にもなかったので、「滑舌《かつぜつ》の問題じゃない?」「緊張しなくていいよ」などと言われてしまう。

周りは当たり前にできていることが、どうしてもできない。西川さんにとって、人には他人から見てわからない困りごとがあるということは、幼いころから実感してきたことだった。

「自分もそうで、見た目ではわからないし、SOSをうまく出せない人もいますよね。僕はそんな人の力になりたいと思ったんです。いま思えばそれが自分にとっての福祉の原点ですが、そもそもずっと自分自身にもそういうところがあったかもしれません。

中学や高校のころ、クラスに元気のいいグループもあれば、そこにうまく入っていけない子もいました。もちろん、みんなが同じことをするのがいいとも思いません。だけど、『ひとりになりたい』と『ひとりになってしまっている』は違いますよね。孤立させないようにしたい。でも、困っているなら言ってくれればいいのに、なんてこっちが思ったって、そんなの無理やないですか。SOSを出せるつながりが普段からあるかどうかが大事なんやと思います。何か困りごとがあったときに、シグナルを送ってもらえる関係になりたかったんです。そういう人たちのそばに行って、ただそこにいるようにしたり。何かあったときに、あの人なら話せるかもというような、安心感を持ってもらえる人になりたいって」

中学高校時代は引きつづき吃音症で苦しい思いを抱えながらも、地域のサッカーのクラブチームから全国大会出場を目指す公立高校のサッカー部に入り、充実した日々を過ごす。
「練習はすごくつらかったけど、サッカーでは存在を認識してもらえる。自分を理解してもらえないなかで、サッカーでは自分を表現できたんです」

大学はスポーツ学科に進学した。大学は中高よりももっと自由でオープンな場所だと思っていたが、依然として吃音症に対する理解はなかった。急な自己紹介や、授業での即興的なディスカッションで発言するのが難しいと教授に相談しても、準備してそうした相談をするときは、吃音の症状が起こらない。信じてもらえなかった。つらくなって、次第に大学にも行かなくなってしまった。

そんな折に、高校時代のサッカー部の監督から、コーチをやってくれないかと打診された。強豪校で、部員が百人程いるような部活だったという。

「監督が結構トップダウン型で。監督の意向に合わない人は外されたり、Bチームに落とされて、選手が辞めていってしまったり。サッカーが好きなのに、彼らがそういう状態になっていることがつらかったです」

西川さんはBチームのコーチを引き受け、そこで転機を迎える。

「コーチになって選手と接していると、次第に『慧人くんのもとでうまくなって上に行きたい』といってくれる人が現れたんです。このような経験から、困っている人を受け入れて、目の前の人の人生をより良くする。可能性を開く。自分はそういう仕事がしたいんやと思って、就活をして、人材系の会社に入ったんです」

希望して入った会社だった。だけどいざ仕事が始まると、思い通りにいくわけではない。

「人の思いよりも売上や効率を考えないといけませんでした。人材系の会社なので、提携している会社にお客さんが入社することで報酬のバックを受け取る仕組みがあったんです。本当に目の前の人の希望に寄り添おうとすると、どう考えてもその提携会社のなかでは完結できない。でも、ひとりの人にずっと時間をかけていいわけでもない」

このままいけば、どうなるだろう。いつか、目の前の人の人生をより良くしたいという自分の志に反して、組織の枠のなかで仕事をしてしまいそうな未来を想像した。

「つづけていけないと思って退職しました。自分のなかでもよく考えて選んだ職種やったんで、ショックでした。ほかに自分が働けるところあるんかな、って」

実家にひきこもって、半年くらい考えた。いろいろ調べるうちに就労支援の制度を見つけた。目の前の人に長期間かかわりながら支援できる仕事だった。

「自分に合ってるの、これじゃないかって。でも僕は福祉について何も知らない。学んでからじゃないと身の入ったアドバイスができないと思って、社会福祉士の資格をとるために専門学校の夜間に一年間通いました。就活を進めるなかで〈サザン京都〉というひきこもりの方のための就労支援施設を知りました。そこを運営しているのが南山城学園やったんです」

自分を表現できる職場

「元々福祉には介護や下《しも》のお世話というイメージがあって、自分がその道に進むとは、正直想像していませんでした。でも、就労支援も福祉なんやって気づいたんです」

社会福祉士の実習では相談業務を経験し、学園でも一年目から相談員を希望していたが、配属されたのは、重度の知的障害のある方が生活する〈円《まどか》〉だった。そのなかでも、担当したのは強度行動障害※のある方が入居するフロアだった。

どうでしたかと聞いてみると、ぱあっと顔が明るくなった。

「楽しく働けました。現場は本当に楽しいんです。でも最初はとても不安でした。過酷なイメージもあったし、実習では相談業務で、直接介助をする業務じゃなかったから」

でも、と西川さんはつづける。

「僕なりのポリシーがあるんです。それは、三日、三週間、三か月やってみるということです。やってみいひんとわからんから。三か月やってみたときの自分の感覚を大事にしよう。

※強度行動障害……自傷、他害、こだわり、もの壊し、睡眠の乱れ、異食、多動など本人や周囲の人の暮らしに影響を及ぼす行動が、著しく高い頻度で起こるため、特別に配慮された支援が必要になっている状態。

合わないとか、しんどいとかは、それから考えようって」

最初は不安だったと話すが、むしろ、西川さんの性格が発揮されることになる。きれいに、丁寧に。目の前の人に向かいあう。

「もちろん、忙しいときもあります。たとえば利用者さんの整容《せいよう》（洗顔など身だしなみを整えること）のお手伝いは、朝礼までにやる必要があるので手早く済ませる職員もいます。もちろんそれはその人のスタイルでもあるんですが、僕としては、食べこぼしが付いていたりとか、目ヤニが残っていたり、鼻毛がすごい伸びてはるとか、そういうのは丁寧に気にするようにしています」

佐々木さんが「基本であり、大前提」と話していたことだ。元々西川さんの性格的にもそうした丁寧さを大事にしていたこともあるが、南山城学園に入ってから、一層その丁寧さが大事であると気づいた。

「ご家族が見たときに、安心できるような姿やったらいいな、って。隔月で開かれる保護者会のときに、ご家族の方が、元気にやってるか、と利用者さんとお話しされる姿に、家族の絆《きずな》を感じるんです。そんな光景を見ていると、施設やからってボサボサな姿やったら心配になるやないですか。ご家族が見て安心してもらえるような、信頼してもらえるような現場でありたい、って」

覚悟をもって入った〈円〉は、西川さんにとって、また戻りたいと思う場所になった。

「自分が自分でいられる職場だったんです。売上とかじゃなくて、目の前の人に寄り添いたいという自分の本来の思いのまま、それを何不自由なく表現できる。そんな自分自身でいることが、利用者さんのためになるんやって実感したんです」

南山城学園の人事には、スーパーローテーションと呼ばれる仕組みがある。その年の採用者数十名のうち、希望者のなかから数名が入職後四年間、毎年事業所を変わる仕組みだ。西川さんはその対象者であり、〈円〉を経て、二年目の現在は事務局で広報の業務を担当している。三年目はまた別の部署や事業所へと異動になり、さまざまな経験を積むことになる。

西川さんは、現場に戻りたいです、と臆《おく》することなく即答しながら、新卒採用や広報業務にも真っ直ぐに向き合っていた。

「学生さんと話すのも好きなんです。福祉の仕事は、正直大変なところもありますし、楽しげじゃない部分もあります。ちょっと人手が足りてないと感じる部分もある。それを正直に伝えることが、信頼につながるはずです」

全部見てもらう、という気持ちでやっているそうだ。

「学園は、人が魅力です。いい人思いな職員さんが多い。福祉に対して熱い気持ちを持っている。自分の価値観と意義で選んできたんやなと思う人たちが多いと感じます。だから広報も、全部見てくれ！ という気持ちでやっています」

西川さんは、とても話がうまいと感じる人だった。話がうまいとは、スラスラ話せるとか、人の心をつかむ話しかたができるとか、そういうことではない。私が何を知らず、何をわからないかをあらかじめ気にかけて、目の前にいる私と一緒に歩くように、ときにそっと導くように話してくれているのがわかった。それは、西川さんがこれまでの人生で、いろんな速度で歩く人とともに暮らすなかで、無意識に身につけてきたものかもしれない。

はきはきと明るく話すその陰で、どれだけ悔しい思いやもどかしい思いをしてきたんだろう。うまくいかなくて、立ち止まっていた日々のことも話してくれた。立ち止まるべきときに、ちゃんと立ち止まれた人なんだな、と思う。そして、また歩き出せた経験を持つ人なんだな、とも。もどかしかった経験が、こうしていま、誰かを支える力となり、基盤になっている。

西川さんはこれから、学園のなかでどんなことを経験して、どんなふうに変わっていくのだろう。別れ際にそう伝えると、

「また僕が現場に戻ってきたときに、このインタビューしてほしいです！」と笑っていた。

最初にインタビューさせてもらった西川さんは、いろんな意味で鮮烈だった。

西川さんが福祉という仕事で「自分を表現できる」と語ったとき、メモをとる手を止めて、思わず顔を上げた。言葉に力が宿っていたのだ。何よりも、本当に福祉の仕事が好きなんだということが伝わってきた。言葉を思うように発せない苦しさを知っているから、言葉じゃない部分で寄り添う方法を知っているのだろうか。

＊

実は、このインタビューの数日後、私の身近な人が体調不良で倒れた。最終的には回復したのだが、一時はどうなるかと気が気じゃなかった。私は驚いて、心配して取り乱した。自分が気づかずにいたことや、何もできなかったことが悔しかった。なんで言ってくれなかったんだろう。信頼してくれていなかったの？　そんなふうにやり切れない思いでいたときに、西川さんの言葉がフッと浮かんだ。

「困っているなら言ってくれればいいのに、なんてこっちが思ったって、そんなの無理やないですか」

そうだった……。みんながみんな、SOSを出せるわけじゃない。それを私は、できるでしょ、なんて、無意識に求めてしまっていた。その後も、西川さんの言葉はいろんなところでフッとよみがえってきた。

「SOSを出せるつながりが普段からあるかどうかが大事なんやと思います」

それから私は、普段あまり連絡しないきょうだいや家族、友人にもなんとなく「なんでもない連絡」をしてみるようになった。心配していると示すわけではない。だけど、何かあったときに、普段から連絡を取っていたら、少しでも言いやすくなるかもしれない。大丈夫そうに見えたって、本当は大丈夫ではないかもしれないから。

第3章

その人の人生に思いを巡らせること

西川さんの次にインタビューをさせてもらったのは、障害者支援施設〈紡《つむぎ》〉で働く、増田百香《ももか》さんだ。こんにちは、と笑顔でインタビューの部屋に入ってきた増田さんは、小柄で、あたたかい色合いの髪に、きれいな碧《みどり》色のブラウスを着ていた。明るくやさしい声で、こちらが話すことをひとつひとつ受け止めるように聞いてくれる。

増田さんは現在入職して三年目となる。最初は〈煌《きらめき》〉で介護職員として勤務していた。二年目は事務局で西川さんと同じ広報に、そして現在は〈紡〉で働いている。三年のあいだに多様な職種を経験していることになる。

増田さんが最初に配属された介護老人保健施設〈煌〉は、本園から歩いていける距離にある。介護老人保健施設、通称「老健」とは、要介護の高齢者が、介護を受けながらリハビリをして在宅復帰を目指す施設だ。

「社会福祉士の実習では社会福祉協議会という事務所的な場所やったんで、現場は〈煌〉がはじめてやったんですね。最初は……そうですね。人の排泄物《はいせつ》を見たり、においに気持ちが左右されるほうで。生きている人のにおいに慣れるのには一週間くらいかかりました。その間は正直きつかった覚えがあります。でもそれ以外はとくに何もきついことはなかったです。利用者さんのご飯や、おやつを用意したり。困ったことがあれば先輩も助けに来てくれたりする環境やったんで」

逆に、慣れるのにたった一週間しかかからなかったのか。

「そうですね。いまでは、においがあるって言ったって、人間やし、そらそうやね、という感じです（笑）」

イライラしない、バタバタしない

〈紡〉は、薪を作っていたり自治会があったり、利用者さんが新聞を制作していたりと、何かと驚かされた場所だ。

「〈紡〉は知的障害のある方のなかでも高齢の方に特化した入所施設なので、最初の介護老人保健施設〈煌〉での現場経験は生きていますね。認知症ケアの仕組みを取り入れて支援者としてもどっしり構えていられます。とくに身体介助の経験が生きていますね」

普段はどんなことを意識して働いているのか聞いてみた。

「月並みですけど、なるべく笑顔、イライラしない、バタバタしない、です」

思わず、全然月並みじゃないですよ、と私は言った。職場なんてイライラバタバタしていない人のほうが少ない。そもそもみんな不機嫌だ。私が勤め仕事をしていたときは、よく人の顔色をうかがっていた気がする。そんなふうに話すと、増田さんは当然のように言った。

「だって、話しかけづらいじゃないですか。周りから見て、話しかけにくいなって思わせたくないし、いつでも話しかけられる人でいたいんです」

何より、と増田さんはつづける。

「ここは利用者さんの生活の場、ってことを、すごく意識しています。私たちからすると仕事でも、利用者さんにとってはおうちです。私たちがバタバタしていても、正直利用者さんにとっては関係ないじゃないですか。ゆったりした環境のほうが居心地いいやろうし、多少立てこんでいても、大丈夫大丈夫って心持ちで仕事をするように心がけています」

これは、佐々木さんや西川さんも言っていたことだ。利用者さんの生活の場という意識は、常に職員の方の行動の根底にある。入職三年目ですでに、こんなに広く落ち着いた視野を持っている人がいる。私は、ついついバタバタして余裕がなくなってしまう。それが周囲に対してどんな影響を与えているかなんて、考えられていなかった。

「この仕事はスピードや効率がすべてじゃないですから。効率化するにしても、見えないところで負担を減らすなどの業務効率化を大事にしたいところですね」

生きがいに寄り添う

日々の支援は、利用者さんひとりひとりに合わせてつくられる「支援計画」に基づいて行われる。

「障害分野は生活支援員が、介護分野はケアマネジャーが支援計画をつくります。根拠となる法律が違うんですね。支援計画に基づく支援をしたのは、私は今年〈紡〉に来てからがはじめてでした。担当している利用者さん三人の支援計画をつくって、それに基づいた支援をしています。

基本的に、同じ障害者支援施設の〈魁《さきがけ》〉や〈凛《りん》〉の利用者さんは比較的若い方が多く、作業所やアルバイトでお仕事に行かはるんですね。一方で〈紡〉の利用者さんは引退された年齢の方が中心です。なので、支援計画では、なるべく日中に楽しいことをしたり、余暇を充実させて日々にメリハリをつけて、楽しく過ごすということがテーマになっています」

増田さんは担当している利用者さんの支援計画でどんなものがあるか話してくれた。

「利用者さんのなかで、文字を書くのが好きな方がいます。発話による自己表現はあまり得意じゃないので、新聞を作ってみんなに見てもらう、という支援計画をつくったら、すごく喜んでくれはったんですよ」

あれ？　と思って聞いてみた。もしかして、「旦さん新聞」の旦さんのことだろうか。そう聞くと、そうです！　と笑ってくれた。

「そうなんです、あれは旦さんが書かれた新聞なんですよ。フォーマットだけ私のほうで作って、文字は旦さんに書いてもらって。色鉛筆を使ったりしてカラフルにしたりね。すごい喜んでくれはって、急にたくさんしゃべってくれたりしました。器用に文字を書ける人はそんなに多くないので、旦さんならではの部分を活かせた支援なのかなと思っています」

先ほどあれだけ感銘を受けた「旦さん新聞」の支援計画をつくった人が、いま自分の目の前でニコニコと笑っている増田さんだった。

楽しいし、生きがいになること。それが、晩年を過ごす人にとってどういう意味をもつか。

私は、もう亡くなった実家の祖母のことを想っていた。祖母は手先が器用で、牛乳パックで葉書を作って、それをもらって私は絵を描いていた。祖母は、ただ葉書を作っただけだとさびしいから、お友達や姉妹に絵手紙を書いて、送りあっていた。夜はほとんど星の光しか見えないような山間部の家にあって、祖母が老いを重ねるにつれて孤独感を募らせているのを、いつも感じていた。自分が、いつまで生きていられるか。どうしようもないさびしさのなかで、誰かに手紙を書いたり、受け取った手紙を読んだりする時間は、どれだけ貴重だろう。孤独のなかで、何もしないでただ時間を過ごすのは、高齢の方にとってどれだけ苦痛か、私もそばで見ていたつもりだった。楽しみは、そんな苦痛を和らげてくれる。本当に大事な、灯火のようなものなのだ。

最後に聞いてみた。ケアってなんだろう。ケアという言葉は近年関心を集め、多くの本が出版されたり、講演がしばしば開催されている。専門的な意味だけでなく、ケアという言葉は、今日では日常でもよく使う。私自身、ケアとは何で、なぜそれが必要かを考える。

英語の動詞としてのcareには、「大事なことだとして気にかける、注視する」という意味がある。「そんなことどうでもいいよ、知ったことか」というときには「I don't care」と言うように。私にとって、ケアとは、その人のことを気にかけているということ。どうでもよくないと思うことだ。

だけど、ケアについて発言するなかで、少し負い目を感じることもあった。私は現在、誰かと暮らしているわけでもなく、実際に誰かと日常的に接したうえで、ケアについて考えているわけではない。それが悪いわけではないが、何だか概念的になりすぎている気もしていた。日常的に利用者さんと接している職員の方にとって、ケアとはどういうものであるか、聞いてみたかったのだ。

増田さんは、こう語ってくれた。

「この方って、いままでどんな人生を送ってきたのかな、とか、何が好きで、何が嫌いで、どんなことをされたらうれしくて、どんな会話したいのかなって、会話とか、身体介助をしながら想像しています。その人の人生に思いを巡らせることが私にとっての福祉であり、おっきな意味でのケアなんかな。それが仕事になるのが素晴らしいというか、福祉って好きやなと思うことのひとつです」

その人自身に思いを巡らせる。そんなケアのありかたを聞いていると、ケアという言葉は日々の支援のなかに根づいているのかもしれないと思った。

それにしても、最初から最後まで、楽しい！ というエネルギーが満ち溢れていた。増田さんが見つけて個人的興味を持って参加した、筋萎縮性側索硬化症《きんいしゅくせいそくさくこうかしょう》（ＡＬＳ）の人に使う意思伝達装置の研修の話になると、「動画見ます?」と見せてくれたり。軽やかに、フットワーク軽くどんどん学び、それを学園にまた還元している(外部で研修を受けた人が、職員に研修をおこなう「伝達研修」という仕組みがある)。

増田さんは、大学で社会福祉を学び、ボランティア活動も行い、南山城学園に入職した。迷いはなかったという。「福祉は世間一般の憧《あこが》れの職業というわけではないと思うんですけどね」と話していたが、こんなふうに生きて働いていることそのものに憧れ、刺激をもらう人は多いんじゃないだろうか。生き生きと自分らしく働いて、積極的に学んで、なんでも生かして、毎日の仕事を愛していること。それが、誰かの日々を支えているということ。少なくとも、私にはとてもまぶしく映った。

＊

インタビューを終えて、彩雲館の外に出た。ちょうど日が暮れようとしているころだ。水色の空が濃くなっていく、黄昏時《たそがれどき》。

食事や入浴を終えた利用者さんたちが、散歩をしたり、建物の前に座ったりして、思い思いに時間を過ごしている。たしかにここは、利用者さんたちの生活の場。まるで、ひとつの集落みたいだ。佐々木さんも、西川さんも、増田さんも言っていた。南山城学園の主役は、ここで生活している人たち。職員さんたちは、そこで暮らす人たちが人生を生きるお手伝いをしているのだと。

「おねえちゃん、こんにちは。お名前は？」

佐々木さんと夕陽を見ながら話していたときに、話しかけてくれた利用者さんがいた。おしゃれが好きだという川崎さん（仮名）。爪にはマニキュアを塗って、カラフルな色合いのコーディネートを楽しんでいた。

佐々木さんが、「いま何歩ですか？」と尋ねる。川崎さんは腰につけていた歩数計を見せてくれた。そこには「1363歩」と表示されている。

「もうちょっと歩く」と言って、私たちに手を振ってくれた。

佐々木さんが教えてくれた。

「〈紡〉で、歩行器を使って歩きはる利用者さんがいたんです。でも、担当職員が、この方は歩行器なしでも歩けるんちゃうか、って、歩数計を提案してみたところ、歩数計が〈紡〉で流行《はや》って。みんな腰につけて、毎日目標を決めて歩くようになったんです。その方も、そうやって歩くうちに、いまでは歩行器なしで歩けるようになったんです」

その話はそこで終わりではなかった。

「〈紡〉に、日本地図がありましたよね」

あった。「日さん新聞」を見たあとに、また別の壁に大きく貼られていた日本地図。たしか、誰々さんの旅って書いてあったような……。

「あれは、歩数計で一日に歩いた歩数を距離にして、もしこれが道やったら、いまごろ日本のどこまで行ったやろう？　って、日本歩き旅の地図を、担当職員が作ったんですよ。歩数を計算し、毎日更新して、職員たちはそれを見て、『いま石川県ですね！』って声をかけたりするんです」

円形の、一見閉じた道を何周も何周も歩く行為。それを、円環から解き放ち、日本歩き旅に見立てた職員がいる。毎日毎日歩いて、いつしか支えもなしに歩けるようになった。もしこの円環が、学園のなかで閉じていなくて、広く外の世界につづいていたら、いまごろその利用者さんは、うんと遠くまで自分の足で行っていることになる。

南山城学園で行われている「支援」は、そんな形をしているのだ。

第4章

主体性を育てるあたらしい保育

「おへやのやくそく
・おともだちとぶつかってけがをしてしまうのであるこうね
・おおきなこえはおともだちがびっくりするので
　ありさんみたいにちいさなこえではなしてね
・おかたづけめいじんになってね」

福祉と聞いて、そういえば「保育」を思い浮かべることはなかった。障害のある方や高齢の方、生活困窮の方のためのもの。そんなイメージだったが、保育もまた社会福祉の一部である。南山城学園は社会福祉全般を広く手がけている。

京都府との境に位置する大阪府島本町に、南山城学園にとって六か所目の保育施設となる認定こども園〈ゆいの詩《うた》〉はある。ウォームブラウンに塗装された、木造の二階建ての建物。エントランスの前には花壇があり、観葉植物が迎えてくれる。おしゃれで洗練されているのに、だけどどこもよそよそしくない、あたたかい雰囲気。いつしか、南山城学園の事業所をあらたに訪れるたび、その建築や内装を見るのが楽しみになっていた。華美ではない。丁寧に、大事につくられた建物。そこにいると、誰もが大事に迎えられるような建物。

おしゃれで、何も知らなければここが認定こども園だとは思わないだろう。だけど、エントランスをくぐると、小さな靴箱に、小さな靴がコロンと並んでいる。ここは子どもたちの生活の場なのだ。一気に自分が「大きな人」になった気分になる。

靴箱には名前が書いてあり、年次ごとに色分けされている。自分の靴をどこに置くのか迷わなくて済みそうだ。靴箱の上にはベージュの色紙の上に、子どもたちの写真に加え、「緑地公園に行ってきました！」や「ストロー遊びに挑戦しました！」などの日々のアクティビティの様子が掲示されている。

中に入ると、外からは想像できない光景がさらに広がっていた。建物はゆったりと右に曲がるアーチを描いて奥に伸びて、右手には楕円形《だえん》の中庭が広がっている。外の建物からイメージしていたよりも、ずっと広く感じる。建物の床は天然の木で、大きなガラス扉の先には、縁側のようなウッドデッキ。その先は砂地や、緑の芝に覆われた小さな山がある。その小山の周りをぐるぐると走り回っている子どもがいた。テントのような日除けの下で、しゃがみ込んで一心に何かで遊んでいる子どもたちもいた。みな、思い思いに。

そんな園庭を眺めていると、「今日はよろしくお願いします」と声をかけてくれた人がいた。インタビューをさせてもらう中村優生《ゆうき》さんだ。保育士として勤務して五年目となる。

甘やかすことも大切

「南山城学園では、いわゆる『一斉保育』ではなく、『異年齢保育』と『プロジェクト保育』を実践しています。同じ時間に同じ活動をするのが一斉保育ですね」

正直なところ、一斉保育以外の保育というか教育形態があるなんて思いもよらなかった。

私が生まれ育った地域はいわゆる過疎地域で、小学校の児童数が少なすぎて、やむを得ず何学年もまとめて授業をおこなう「異年齢教育」になっていたところもあったが、ときを経て、あたらしい保育として出会うことになるとは。

「異年齢保育では、〇歳児さんから五歳児さんまでが一緒に遊びます。同じ学年でも四月生まれの子どもと早生まれの子どもとでは成長度合いで大きく違いが出ますよね。学年という括りがないと、保護者さんがお子さんの成長を別のお子さんと比べないで済むんですよ」

〈ゆいの詩〉では、一応乳児さんと、幼児さんのお部屋やエリアは分かれているが、同じ一階にあるので、時々乳児さんがハイハイしたり、歩いて遊びにきたりするという。そんなときも、誰もびっくりせず、「わあ、〇〇ちゃん！」ってよしよししてあげたりするそうだ。

「五歳児さんたちは、ちびっこたちを守ってあげたいと思うようになるんです。そして、ちびっこたちは、憧れのお兄さんお姉さんみたいになりたいと思ってがんばるんですよ」

自分の小学校なんて、上級生にいじめられた記憶しかない。

浮かんできたことをそのまま話してみた。小学校と言わず、中学校でも上の学年に呼び出されたりとか、あったなあ。大人になってもそうだった。上が下をいじめる。大学に入っても、上級生が偉くて一年生を「しごく」みたいな話もよく聞く。それが、相互に守り合うなんて、すごい……。

中村さんは、そうなんですよ、と笑ってつづけた。

「たとえば○歳児の赤ちゃんが泣いていたら、保育士の行動を真似して、『音の鳴るおもちゃ探してくる！』と世話をし始めたり、発達がゆっくりな子に対しても、下の子に話すときのようにやさしく接するようになります。かかわりのなかで自然に思いやる気持ちが育っていくんですね。きょうだいがいない子どもは、そういう環境が家庭にないからこそ、ここで自然に下の子に接したりするんですよ。それを保護者の方に伝えると、『うちの子そんなことできるんですか！』って驚かれます。それは、お母さんたちがちゃんと甘や
かし
てやさしくしているからできるんですよ、ってお伝えするんです。一緒に見守ってあげましょうって伝えるようにしていますね」

なんと……。「甘やかす」って、自分の時代には悪い言葉のように言われていたなと、またも遠くを振り返る気持ちになる。英語で「甘やかす」は「spoil」で、甘やかしてだめにす

るという意味がある。だけど、中村さんが何気なく言った「甘やかす」には、「育《はぐく》む」という響きがあった。「愛をたくさん与えて、受容して、認める」みたいに。きっと必要なことなのだ。私だって、たくさん甘やかしてもらって、いまがあるのだろう。

子どもの興味から始まるプロジェクト保育

中村さんは、お母さんが保育士で、保育の仕事は身近なものだった。大学も保育が学べるところを選び、実習も乳児院を選んだ。入職を決めたのは、南山城学園の最初の保育園〈もりの詩〉に見学に行ったことが決め手だったという。

「実習で乳児院に行ったときに、そこが悪いとかではなく、そもそもの『一斉保育』にモヤモヤしたことがあって。お茶の時間でも、みんなが同じ時間にお茶を飲む。でも、おうちやったら、普通にいつでも飲めるのに、って。その後に〈もりの詩〉の見学をさせてもらったときに、とにかく自由でアットホームな感じで。『ああ、あり得るんだ』って感じたんですよね。ここだったら、子どもの意見が尊重されるのかなって。それでここに決めました」

すでに自分のビジョンがあって、それが学園と一致したから入りました、みたいな話をこちらに来てから結構聞く。

「ビジョンができたのも、乳児院に実習にいって、私はこうしたいという自分なりの保育像ができたからですね。良い悪いじゃなくて、それが本当に私のしたい保育なのかなって」

自分が学生時代のころを思い出す。就活はわけあってほとんどできなかったが、当時は自分が選ばれるかどうかばかり気にしていた気がする。自分がどうしたいのかなんて考えたことはあっただろうか。自分のこれまでの生きかた、当たり前だと思っていた世界との対比がたくさん浮かんでくる。それは即ち、ここではそれだけ、あたらしい保育が生まれているということだ。

「ここの保育のもうひとつの特色は『プロジェクト保育』です。一斉保育だと、今日はみんなでこれをやりましょうって、こちらからの提供が中心になりますが、プロジェクト保育では、子どもたちがやってみたいことを実行していくんですね。

最初私は一歳児さんの保育に入り、その後に二歳児さんを担当しました。今日はこれがしたいって言ったら、それができる環境を整えたりとか。一歳児さんとはまた違う保育ができて、やりがいもありました。子どもたちの声を反映して、夢中になって楽しんでくれている姿が励みになったり。声かけひとつで子どもたちの行動や反応が全然変わったりするんですよ。逆に、興味がわかなくて違う遊びに行ったりしたときに、あ、これじゃなかったんやって思うこともあるんですけどね」

声かけひとつで、というところで思い出した。廊下に貼ってあった、「おへやのやくそく」という紙。走ってはいけません、ではなくて、「ぶつかってけがをしてしまうので」歩く。大きな声で話さないと書くのではなくて、「ありさんみたいにちいさなこえで」話す。ちゃんと片付けましょうじゃなくて、「おかたづけめいじんに」なってみよう――。

「どんなものを使って興味と経験を合わせてあげられるか、保育士としての腕の見せどころです。五歳児さんの知恵も借りたりしますね。なるほど、そういう言いかたをしたら三歳児さんに言いやすいんだな、とか。それがこの園ならではのあたたかさです」

中村さんの話を聞きながら、「私が受けてきた教育って一体なんだったんだろう?・」と、口をついて出た。あまりにも真逆の世界がここにあった。

私がこれまで受けてきた教育や生きてきた社会は、こういう人にならなければいけない、という圧力があったように思う。期待に応えようとして、すり減っていく。そうなれない人がいけないし、努力が足りない、というような社会を多かれ少なかれ生きていた。だけど、ここにいる子どもたちと、中村さんの話、そしてほかの職員さんの話を聞いていると、まったく違う世界がちゃんと立ち上がっているように思えてきていた。日本社会だって、そう変わっていったほうが、生きやすい場所になるんじゃないか。

中村さんは私の話を聞いて、答えてくれた。

「子どもの主体性を伸ばす保育が求められていますが、それはまだまだ最近のことで。先生が上で、子どもが下っていう時代が、長かったと思います。保護者の方も、そうした教育を受けてきた方が多いんですよ。実際、『しっかり座ってなきゃいけないんじゃないですか』『この時間までここにちゃんといないといけないんじゃないですか』って、みなさん最初は心配されます」

私でもきっとそう聞いてしまう気がする。だって、そうしないと社会でやっていけないのではないか。根強い恐怖だ。

「そんなとき、こんなふうにお話しするんです。『ここで育てているのは、精神力や忍耐力、お世話したいという気持ちや、思いやりなんです。ちゃんと自分で表現できる。みんなを助けてあげられるから、自分も助けてもらえる。それがあれば、小学校は大丈夫です！』って。保護者さんの背中を押すことが私たちの仕事でもあるんですよ」

なるほど……。保護者さんの背中を押すなんて言葉を、まさかここで聞けると思わなかった。そんな発想が出てくるのは、園で日々子どもたちの姿を見ているからこそなのだろう。

私は、小学校に上がるときに不安になるという保護者さんの気持ちが、ちょっとわかる気がした。この園が素晴らしいがゆえに、殺伐《さつばつ》とした世界に放り出されてやっていけるのかと心配になるのかもしれない。そう話すと、中村さんはこう言った。

「『やっていく力』がここで育っているんだと思います。『嫌だ』って言える勇気とかって、自己肯定感がないと言えないですよね。日々認められる機会をたくさんつくるのが、私たちにできることです。『嫌だ』って言ってくれたときに『言えたね』とか『昨日できなかったのに今日はできたね』と認めてあげる。そういう経験によって、小学校に上がっても、たとえば先生に『ぼく、牛乳は嫌いなんだ。だけどちょっとがんばってみる』と言えるようになる。そういう力を、ここでは育てているんじゃないかなと思います」

中村さんはつづけた。

「『ひらがな書けなくてもいいんですか』とか、『クラスのなかに、ちゃんといとかなあかんのやないですか』って聞かれることもあります。でも、やりたいと思ったら子どもはやるんですよ。興味があるものにグッと集中して、それが学びになっているんだな、というのは実感としてあります」

聞いていて、やっぱりここでの取り組みの話は、あたらしい。あたらしくて、「大きな人」たちにも聞いてほしい。たくさん認められる経験なんて、おそらくあまり馴染《なじ》みがなかった世代の多くの人たちにも。

世の中には、生きづらさを抱えている人も多い。自分になかなか自信を持てなかったり、あるがままの自分を受け入れられなかったりする。ここでは、自己肯定感を育てていく保育が真ん中にある。

「主体性を大事にする世界で育った子どもが大きくなった時代がとても楽しみです。上とか下とかない。パワハラもなくなっていくんじゃないかな」

中村さんは、子どもの主体性を大事にする園が増えてきているのを感じるという。

「サークルタイムといって、円になってみんなの顔を見ながら、朝の集い、夕方の集いをします。朝のサークルタイムで、今日やってみたいことを子どもの提案で聞いて、やってみる。それがうまくいかなかったとしたら、夕方のサークルタイムで、『なんでできなかったんだろうね？』ってみんなで考える。そこで三歳児さんは五歳児さんが話をするのを聞いて、こうやったらいいんだ、と知恵を借りられる。それが次の保育につながっていきます」

一方的に話す会話ではなく、みんなで会話をする。

「それが、おうちでもお父さんやお母さんとの会話に広がったらいいなって。サークルタイムで宿題を出したりします。『お月様って何が入っているかな?』とか、『ペットボトルって、何を使うとくっつくと思う?』とか。ちょっとした質問で、お父さんやお母さんと一緒に考えたことを、次の日のサークルタイムで話してくれる。目標が見えるだけで、明日〈ゆいの詩〉に来ようって思ってくれる子どもたちもいます。保護者さんの反応が変わると、また子どもたちの反応も変わってくるんですよ」

＊

インタビューを終えたあと、中村さんと佐々木さんが、園を案内してくれた。言行一致というけれど、言空間一致というのもなかなかないんじゃないかと思う。目に見えるもののすべてに、先ほどまで聞いた話のエッセンスが宿っている。

たとえば、食事。ちょうどいま食事時ですね、とランチタイムの様子を見せてもらった。広いお部屋には、四人掛けくらいの小さな丸テーブルと椅子がいくつもある。小さな人たちのレストランは、なんとビュッフェスタイルになっていた。

「子どもたちに自分でよそってもらいます。自分が食べられる分だけを自分でよそう。そんな自己決定を大事にしています」

まさにそれも主体性だ。そのビュッフェが置かれたテーブルの向こうには、ガラス張りの調理室がある。

「自分たちが食べているご飯が、誰がどんなふうに作っているか見えるようになっているんです。誰かが作ってくれている。そう知ることもまた食育ですね」

食事の場をあとにして、園内を歩く。なんと呼べばいいかわからないスペースにも小さな丸テーブルや椅子があった。「大きな人」たちの言葉だと、「ソーシャルエリア」とか「ラウンジ」みたいなものだろうか。子どもたちは自由にそこで過ごすことができるのだろう。自分が良いと思うところで。

　壁には、子どもたちが描いた、色鮮やかで大胆な色彩の「作品」が飾られている。それも、ただ壁に貼ったという感じでもなくて、階段の途中から向かいの壁に向かって大胆に空間を使っていたりする。子どもたちが作ったブロック作品が展示されていた。ちゃんとアート作品として飾られる喜びを感じられる仕掛けになっている。解体するタイミングまで自分の判断になっているそうだ。それもまた、主体性。佐々木さんに言われてはじめて気づいたが、壁に装飾がない。子どもたちのアートだけで成り立っている。

　ここで育つ子どもは、どんなふうになるのか楽しみだと話した中村さんのキラキラした目を思い出す。西川さん、増田さんにつづき、学園の職員さんはなぜこんなに生き生きと働いているのかという問いは、中村さんと話してさらに強くなった。

「『保育士がワクワクしないと子どもたちもワクワクしないよ！』って、会議でいつも園長先生たちが言うんですよ。相談すると、こんなちっぽけなことで悩んでいたんだって気づきます。話していかないと、知恵も凝《こ》り固まっていく。職員同士でも、子どもたちと接するとき同じで、小さなことでも褒めて、認めあっていこうって話しているんです。いま副主任になって、あ、私もずっと、そうやって育成されてきたんやって気づきました。先輩たちは、あえて私にそういう言葉をかけてくれていたんやな、って」

〈ゆいの詩〉の「ゆい」は「結」であり、つながりを意味する。園の中で、そして園と家庭、地域、すべては輪になって、未来に向かってつながっていく。

やさしくしあうこと、認めあうことが当たり前になった子どもたちが、いつか大きくなり、どんな未来をつくっていくのだろう。福祉が、未来をつくっていく。まさにここが、そのはじまりの場なのだ。

第5章

変化に気づかなければ命にかかわる仕事

「大矢統括のインタビューもあるんですか。話、聞いてみたいなあ」と目を輝かせた職員さんがいた。「大矢さんは、昔から上に対しても歯に衣《きぬ》着せぬ発言をする存在なんですよ」という人もいる。いろんな方が大矢さんの語りを楽しみにしているのを感じていた。

髪を高い位置でポニーテールにまとめ、スマートフォンを手にしている。きびきびした身のこなしは、どこか大きな病棟で働く看護師さんを思い起こさせた。

大矢真弓さんが統括を務める介護老人保健施設〈煌《きらめき》〉は、床数は一〇〇床であり、通所リハビリテーション事業もおこなっている。南山城学園のなかでも大きな規模の事業所になる。大矢さんは、その全事業を統括する職務にあたる。

「『福祉はボランティアでやることや。仕事にするもんとちゃう』と、ずっと昔父親に言われたことがあったんです。そのときは深く考えなかったんですけど、引っかかって。やけどその後、介護保険制度が始まり、自分にとって、仕事としての福祉に対するイメージが変わったんです。しっかりと学んでかかわれば、仕事にしてもいいんじゃないかなって」

一般企業に勤めたあと、夫の転勤、出産・育児に合わせて家庭に入った。元々、働くうえで、ひとつのことを継続して、一貫してやっていけるようにと考えていた。二人目の子どもが生まれたあとに、パートタイムで訪問介護の仕事を始める。将来を見据えて介護福祉士、社会福祉士、精神保健福祉士の専門学校に通い、資格を取得。その後、介護支援専門員の資格も取得する。

「専門学校に行くかどうかを、『どちらになりたい?』と自分に問いかけました。自分だったら、きちんと福祉を学んだ人にみてもらいたい。これから自分がかかわる人への礼儀として、そうせなあかんって」

福祉は、決して遠い存在ではなかった。祖父母の近くで育ち、親族が病気をしていたこともあった。親戚に可愛がってもらったことから、何かやってあげたいという気持ちがあった。

特別、記憶に残る存在があった。小学校低学年のころ、仲の良い男の子がいた。彼はいまでいう特別支援学級にいて、知的障害のある男の子だった。

「彼は、すごい能力を持っていたんです。三年前の一一月三日は何曜日？　と聞くと、すぐに水曜日、と返ってくる。必ず当たっていたんです。あんまり会話はできないけど、すごい能力を持ってるんや！　って。それで休み時間のたびにその子のところに遊びに行っていました。小学生のころで、そのころは特段、知的障害のある方を支援する仕事をしたい……と考えていたわけではなかったんですけどね。いま思えば、身近にいたんです」

夫の転勤で城陽市に引っ越したところ、ハローワークで南山城学園の正規職員の募集が出ていた。面接を経て、採用になった。

最初は診療所の受付で医療事務を六年間おこなった。

「何百人もの利用者さんとかかわりました。定期受診でみなさん来はるので、それぞれの方の特性を学べました。診療報酬の請求にもかかわるので、医療システムや病気のことも学べましたね」

異動になって、障害のある方のグループホームの配属になる。そこで管理職である室長を九年間ほど務めた。

「現場に行きたかったのでうれしかったですけど、管理職は全然目指していなかったです。いまでも、なんでやってんねやろ、ってくらい（笑）。でも年齢的にもやし、若手も増えてきたしで、やれるかどうかはわからんけど、責任としてやらないかんのやろなってのが素直な気持ちでしたね」

大矢さんはとても謙虚で、前向きな話じゃなくて悪いですけど、という。だけど、管理職は実際は、なりたくてなるというより、大矢さんのように、任されて、そして引き受けていく人が多いんじゃないかと私は感じた。「大矢さんの話を聞きたい」と口にしていた職員も、そうして責任を引き受けていくとはどんなことなのか知りたかったんじゃないだろうか、と頭に浮かぶ。

「グループホームは人手がとにかく足りなくて。当時は広範囲に拠点が八つもあったんです。世話人さんというパートタイムの人たちが日常のご飯を作ったり、介護業務をしたりしてくれはってたけど定着が難しかったです。管理職も現場に出ていかないとまったく回らないこともあって。そのような背景もあり、拠点を七つに集約して、そのうちの五つを夜勤が必要なグループホームに、残りの二つは夜勤が不要な拠点という体制にしました。さらにその後、場所の移転など最終的に五つのホームとしました。改編後、利用者さんも職員もなんとか落ち着いてきたな、という頃合《ころあ》いで私が異動になりました。現在の〈煌〉の統括になって四年目になります」

いわゆる「老人ホーム」とひとくくりに呼ばれる高齢者入所施設は、要介護度やサービスの内容によって区分が分かれている。「特養《とくよう》」と呼ばれる特別養護老人ホームは要介護度が高い高齢者の介護を行い、看取りまでおこなうことを前提としている。一方の介護老人保健施設、いわゆる「老健《ろうけん》」は、入居者が終生ずっとそこに滞在することを前提とせず、リハビリや介護をおこなって再び家に帰る「在宅復帰」を目指すものだ。

近年の制度改正により、在宅復帰率やベッド稼働率などによって介護報酬が変わる仕組みになり、管理職としてそれらに気を配らなくてはいけなくなった。ただ施設があって、入居者の多くを受け入れればいいわけでない。そもそも〈煌〉を知ってもらい、老健の特色である在宅復帰やリハビリへのニーズが高い方とのマッチングを考慮する必要があるという。

「通常の老健は病院併設のところが多いんですよ。そうした病院は、併設の老健施設に患者さんの多くがそのまま入居する流れになります。〈煌〉は単独老健なので、そういうことは一切なし。営業と地域の方との交流に力を入れて、〈煌〉を知っていただくためのあらゆる努力をしています。

たとえば、病院や居宅事業所だけでなく、小規模多機能型のデイサービスや訪問介護をしている事業所にも営業しています。それぞれの場所で対応が難しくなってきたときに、一旦うちに入所し、リハビリをして、具合が良くなったらまた地域に戻ることもできるという提案をしています。

営業エリアは広範囲で、奈良や長岡京のほうにも行きます。意外かもしれませんが、ご家族が近くにいる施設を選ばれることが多いんです」

社会福祉法人が営業するという視点は、まったくなかった。どのように営業するのかを聞いてみた。

「そのときどきの売りをつくるようにしています。たとえば、二〇分間の短期集中リハビリテーションですね。いままで週に三回だけだったのを、土日も含めて三六五日毎日提供できるようにしました。骨折した方やご自宅で介護をしたいご家族にはとくに喜ばれます。病院に入院されていた高齢者の方であれば、入院中に弱った筋肉の回復のお手伝いをしますよ、と」

小さな変化に気づく仕事

大矢さんは管理職として、十年以上勤務している。

「ひとときも気が休まる時間はないですね。〈煌〉に来てからはコロナもあったので、年柄年中電話がかかってくる。一か月に七件救急搬送があったりもします。障害者支援施設とは違う、高齢者入所施設の特徴かと思いますね。

うまいこと気分転換するようにしています。けど、管理職を引き受けた以上は、というの

がある。休みの日も携帯かかってきてないかなとみたり。自分で自分の首をしめていること
もあるかもしれないですけどね（笑）。でもいまは、自分がやらないと、と思っています」

同性介助を基本とする南山城学園では、職員のジェンダーバランスは半々に近いが、女性が管理職に占める割合はまだまだ少数だという。

「知っている限りでは、私で三人目くらいだと思います。管理職は男の人が当たり前という社会の名残りは正直ありますね。私が管理職に任命されたのは女性管理職を増やす目的もあったんだと思っています。ただ利用者さんにとっては管理職が男性だろうが女性だろうが関係のないこと。だからこそ責任を果たさないといけない。そう思い、いままでつづけてきました」

仕事と子育てのバランスにも、葛藤《かっとう》があった。

「子どもが小さいころは、お母さんが家にいる、もしくはパートをしているおうちがまだまだ多くありました。私が家にいる時間は少ない。一緒にいてやりたい。子どもから『さみしくなったときはおそらをママと思って、大丈夫、って思うねん』と言われたことがあります。

申し訳ない気持ちでいっぱいでした。だから、家にいない時間、仕事がんばろう。それがいつか生きかたとして子どもに伝わるんじゃないかと、良いように思いながらやってきました。もっと見てあげたかったし一緒にいてあげたかったたって、いまだに思いますけどね」

お給料は「我慢料」と言われることがある。嫌なことをやって、我慢したからお給料をもらえるのだと。だからこそ南山城学園の若手の人と話すと、なんでこんなにみんないきいきと楽しそうに働いているのか驚いたと話すと、大矢さんは「うーん」と少し考えるようにして言った。

「ある意味、淡々と来ている職員さんもいるとは思いますよ。でも、お給料のために来ているかというとそうではなくて、丁寧に向き合ってくれています。ただただステップアップを目指す、ということが福祉の仕事ではないんです。嫌やと思っていたらこんな態度とれへんな、というくらい丁寧にやさしく向き合っている。良い意味で地味な世界なんですよ。淡々と丁寧に接して、だから良いんやなと思うことがある。ただステップアップばかりに着目するのが良いわけじゃないと思う。全員が同じじゃないというのも大事やなと思います」

なるほど、とハッとする思いだった。私が取材を始めてから出会った人たちは、八〇〇名いる職員さん、そしてパートタイムで勤めている方々のほんの一部なのだ。一見「地味」で目立たないかもしれない。だけどそんな人が、学園の日々を支えているのだ。

「変化に気づかないと、命にかかわる仕事です。入浴、排泄、食事が三大介護と言われていますが、みなさんこれを中心に毎日やってくださっています。そのなかで、『自分で食べてはるし、見てたら良いかな』ということではない。『この方、最近飲み込みに時間がかかっているみたいなので、食べやすいように食材をすり潰《つぶ》したりして固形度を落としてみたらどうですかね』と提案してくれたりするんですよ。やわらかめにしていたものをさらにペーストにしたり。それに気づかないと誤嚥してしまうので。どうも喉《のど》がゴロゴロいうてるなとか、飲みこみにくそうだなとか、小さな変化に気づくというのが一番必要なのが介護なんです。気づきがないと支援ができません」

二〇年、三〇年も弛《たゆ》まずにつづける人たちのことを、大矢さんは「本当に貴重で、すごい人たち」と呼ぶ。

「若手のなかにはバーンアウト（燃え尽き症候群）になってしまう職員もいます。私生活の悩みもある。自分でも知らず知らず、命にかかわる仕事で一杯一杯になっていく。福祉の人はやさしい人が多い。それは繊細ということでもあります。そんなところをカバーしてくれているのが中堅職員なんです。『これ以上言うたらちょっと一杯一杯なるかもしれへんし』とか『配置をここに変えてあげたほうがいいんじゃないか』と助言をしてくれたり。若手職員も、そういうふうにしてもらっていたって、自分がその年次になったころ、気づくんじゃないかな」

〈ゆいの詩〉の中村さんがまさに話していたことだった。あとになって、先輩たちがいろいろな場面で声かけをしてくれていたと気づくのだと。


インタビューの最後に、迷ったが、仕事に対するモチベーションについて聞いてみた。迷ったわけは、これまでの大矢さんの語りを聞いていると、「モチベーション」という言葉は、あまりにも薄っぺらくて軽い気がしたのだ。しかし、それでも聞いてみたかった。

「責任です」

大矢さんは即答した。

「楽しいとかなくて（笑）。やらないといけないってことです。利用者さんに対しても職員さんや法人に対しても責任があります。うまく表現できず、鬼のような言葉が出ることもありますが（笑）」

楽しいことだけやって、しんどいことを避けていたら、組織は崩壊してしまう。決めるときは決める。厳しくするときは厳しく。でも、それだけでは人は離れてしまう。

絶えず判断が求められる仕事だ。その重圧は計り知れない。だけど、その責任が果たされているおかげで、組織として目指すサービス、法人としてやりたいことがつづけられているのは間違いなかった。そしてその結果が、利用者さんとその家族の幸福を一番根底から支えているのだった。

インタビューが終わったあと、大矢さんが「せっかくやからと思って持ってきたんです」と、かわいい猫の封筒に包まれた一通の手紙を見せてくれた。

「グループホームから〈煌〉に異動になるときに、利用者さんがくれた手紙です。この方ね、最初の診療所のころから知っている自閉症の方で、普段は言葉をかけても、おうむ返しで返ってくるんです。ですが、この手紙を見て、こんなに言葉を持ってたんやなって」

鉛筆で手書きで書かれた手紙には、大矢さんとの思い出が綴られていた。何月何日に一緒にどこに買い物に行った、と、具体的な日付まで書いてある。

「この日付ね、たぶん、全部正確なんです。それを見て、小学校のときのあの子を思い出しました。この利用者さんがこんな文章を書けるなんて、こんな言葉を持っているなんて、って本当に驚いたんです。〈煌〉に異動になってから、しんどいときに見返して励まされてきました。コミュニケーションが難しくても、いろんな思いを持って暮らしている人たちのお手伝いをさせていただいているんです。こんな思いで日々かかわってくださっていたんだって感慨深いものがありました。利用者さんにはひとりひとりいろんな思いがある。それを忘れたくない。利用者さんの心の声に耳をすまして、これからもお手伝いをさせていただきたいなと思っています」

その手紙は、「また、あそびにきてください」と締めくくられていた。

第6章

「誰でもできること」をプロフェッショナルに

南山城学園での滞在は四日目となった。これまで、若手から中堅職員の方、大矢さんというベテランの管理職と話をさせてもらってきた。この日お話を伺う村上邑弥《ゆうや》さんは、京都府宇治《うじ》市にある地域福祉支援センター〈宇治小倉《うじおぐら》〉の副センター長を務めている。

センターの一階にあるカフェ〈さぴゅいえ〉。フランス語で「寄り添う」という名のそのカフェに、インタビューの前に佐々木さんが連れていってくれた。おしゃれな白い壁のカフェは、大通りに面した角にある。奥には広い厨房《ちゅうぼう》があり、三つある南山城学園のカフェのメインメニューは、利用者さんたちがここに通って仕込みを行っている。カフェでの接客や調理も利用者さんが担当している。

〈さぴゅいえ〉でカレーを食べて、自家製シロップのドリンクまで頼んでしまった。ここの野菜も、学園の畑〈ぷちぽんとファーム〉で穫《と》れたものを使用している。〈円《まどか》〉で利用者さんたちが作った堆肥を使った畑で、利用者さんたちが収穫した野菜を使って、そして利用者さんたちで仕込みをして。テイクアウト用のクッキーもあるし、壁には利用者さんのアート作品も展示されていた。農林業などの一次産業、製造業などの二次産業、そして小売業やサービス業などの三次産業を総合的に連携させることを「六次産業化」というが、学園の福祉も、まさにすべてが連携し、循環している。

ランチのあと、外階段を上ってセンターの二階に上がる。白い壁の明るい建物で、中庭のようになった場所からは木も生えているが、ただ生えているわけではなく、枝葉が絡み合って天井を緑のカーテンのように覆っていた。

声をかけられて振り返ると、村上さんが立っていた。

びっくりした。副センター長と聞いて無意識に想像していたよりも、ずっと若い。背が高く、この日インタビューということで、ネクタイまでしてくれていた。

村上さんは、元々はカウンセラー志望だったという。

「京都の臨床心理学科のある大学に行っていて、カウンセラーになりたかったんですね。心って面白そうやなあと。出身は高知県なんですけど、心理を学べるところが少なくて京都に来ました。カウンセラーになるには大学院卒の資格が必要で、院に行くためにいやいや勉強していたんですけど（笑）。実習は面白いのに、フロイトや昔の心理学者の理論の講義にどうしても興味がなくて。何か違和感を覚え始めていたころ、福祉のアルバイトを始めたんです。大学三回生のときで、そこが〈凛《りん》〉だったんですね。業務夜勤や移動支援、訪問介護の支援に入ったりとか。気づいたら自然と携わっていたみたいな感じがありました。〈凛〉でアルバイトしているときに、僕の、なんやろな……。心をくすぐってくれる、刺激を与えてくれる利用者さんが結構いたんです。やり取りが楽しくて。元々人と接する仕事を志望していました。一生やっていく仕事って考えたとき、大学院を終えたあとに何ができるんやろって。方向転換したときは自信があったわけやないんですけど、これが仕事にできるんやったらええなあ、と考えていましたね」

〈凛〉は地域との連携を目指す事業所で、郊外のどこか遠く離れた場所というわけではなく、住宅地の中にある。

「一歩敷地に入ったら、二〇人も三〇人も障害のある方が暮らしています。ひとりひとりへの対応のしかたが違うんです。この人にはこの対応しなあかん、とか、これを言っちゃうとパニックになっちゃうよ、とか。朝全然起きてこうへん利用者さんには、こんな声かけしたら早くなるよ、みたいな。面白かったんですよね。なんやこのひとりひとりの『取説《とりせつ》』は！みたいな個別性があって。めっちゃ怒るし、めっちゃ笑うし、めっちゃ泣くし。こういうと言葉が良いか、あれですけど――一生見てられるって。元々人が好きというのがあるのかもですが、心くすぐられたんですね」

現在八年目で、三事業所目になる。入職して最初は京都市伏見区の醍醐《だいご》にある障害者デイサービスセンター〈わこう〉に配属され、そこで三年。その後は障害者支援施設〈円〉で三年。地域福祉支援センター〈宇治小倉〉の主任として一年。翌年から、その副センター長になった。

「ずっと現場ですね。学園は、事業所がいっぱいあるので異動するとあたらしいチャレンジが始まります。自分には合っています。僕すごい飽き性なんです（笑）。ずっと同じ業務内容、同じ人たち、というのは厳しい。福祉って、ある意味非日常性があって、毎日毎日変わるんです。それが自分にとっては面白い」

言葉にならない「何か」を感じ取ること

地域福祉支援センター〈宇治小倉〉はさまざまな事業を行っており、村上さんはそれを統括するセンター長の補佐をしながら、相談員もしている。

「利用者さんの希望する生活に近づけるために福祉サービスを提案したり、事業所間の調整をしたりといったソーシャルワークをしています。

これまでの仕事は障害支援区分が割と重度の方が多かったんですけど、ここは結構就労に特化していて。どちらかというと軽度の方が多い。パッと見たときには、障害があるかどうかわからないという方への支援は、これまで現場でやっていた支援とは異なるのですが、でも、大は小を兼ねる。過去の経験は確実に生きていますね」

相談員として、どんなことを心がけているのか聞いてみた。

「良い意味で、利用者さんに媚《こ》びないことです。誰だって無意識に求めている言葉がある。こう言ってほしいとか、かけてほしい言葉ってありますよね。でも、その人のためを思って、あえてそう言わない。信頼関係を壊さないというのが前提ですが、その人が元々持っている目標に向けて軌道修正を促していけるように声をかけたり、励ましたりしています。
なんでこんな若い相談員に、って思われる方も当然います。でもそこは、僕に任せてくれたらちゃんとやりますよ、と思ってもらわないといけない。自分の経験をしっかり伝えて、信頼関係を築くことが大事です。入所施設が多いという法人の特色柄、そのなかで相談員という機会をもらえたのは今後も生きると感じています」

話をしていて、自分が実際に村上さんに相談をするようなイメージが頭に浮かんでいた。私はお世話になっているカウンセラーさんがいるが、その方の雰囲気にも共通したものがあった。どしんとしている。自分が不安なとき、うまくいかないときに、自分の可能性を自分の代わりにちゃんと見ていてくれる安心感。寄り添うとは、心や感情をただ寄せてくれることでは必ずしもない。ひとりではもうどうにもならなくなったときに、適切に介入してくれる。その信頼感があるから、自分の一番弱い部分を見せることができる。

「波風立てないほうがこじれないっていうのはそうですけど、結局進展しなくなって長期化してしまう。そうなると家族と揉《も》めてトラブルになったりします。第三者が言うことで、認めて、受容しながら、わかるけども、ここのところをもっとこうしたほうが、って。相手の表情とか雰囲気とか、発している何かを見ながら伝えるようにしています」

そう話しながら両手を広げて何かを示してみせた。体よりも少し大きく、形のない、何か。

「人それぞれやりかたはあると思うんですけど、たぶんそれぞれの『福祉道』みたいなんがあって。僕の話にも、そんなん邪道や！　っていう人もいるかもしれない。でも僕はそういうポリシーを持っています」


以前、私の知人が社会福祉士の実習先で、ヘルパーさんが利用者さんに対してほぼ虐待に近いような対応をしているのを目にしたという。その話を聞いて私はショックを受けた。福祉の現場で起こる虐待について、村上さんはどのように捉《とら》えているのだろう。

「福祉のなかで虐待の話をやはり聞きますし、それについて自分でも考えます。福祉って、やろうと思えば誰でもできる仕事です。やろうと思えば」

二度繰り返した言葉が重く響く。

「虐待に関していえば、その人じゃなくて環境が悪い。ストレスが溜《た》まっていくような状況やったり、周りの人が注意できない環境やったり。それをゆるしてしまう組織にも問題があります。

福祉は誰でもできる。学園では、その『誰でもできること』をプロフェッショナルにやれるようにさまざまな取り組みを重ねています。例を出すと、まず教育や育成のツールがとても優れています。職員を大学や就職フェアにバンバン連れていき、アウトプットの場をつくります。法人によっては、職員が通常業務と並行して、人事や財務をやらざるを得ない。でも、そうした体制だとどうしてもストレスが溜まってしまう。学園の場合は、誰かが抜けても現場が回るようにバックアップ体制に力を入れているので、そういうことは起こりにくいんです」

「人を支えるのは人しかいない」

「理事長は、全国社会福祉法人経営者協議会の会長もしています。社会福祉法人の経営者が集まる全国大会があって、理事長と一緒に行かせてもらったことがあります。理事長が基調講演で話す内容は、実は僕たち管理職や主任クラスの職員に普段してくれる話とも重なるところが多い。そこにいかないと聞けない内容を、自分たちにも伝えてくれはるんで、ある意味英才教育を受けている感じですよね。

〈魁《さきがけ》〉で行われているKOUFUKU（工・福）連携って、実はその全国大会の分科会でも発表しているんですよ。職員たちは特別そんなすごいことをやっている感覚はないと思うんですが、全国大会で認められて。学園の職員からすると、そうなんや、みたいな。それを感じましたね」

私はそれを聞いて、最近読んだ、米マイクロソフトのエンジニアである牛尾《うしお》剛《つよし》さんが書いた『世界一流エンジニアの思考法』（文藝春秋）を思い出した。その本を読んだときに感じた刺激と、南山城学園のイメージが重なった。業界を牽引《けんいん》していくトップ企業の話。まさにトップ企業の中の人たちこそ、日々楽しんで、革新的な仕事をつづけている。一体どんな思考でみんなが働き、どんな実践がなされているかは、そもそもプログラミングなんてやったことのない私ですら目を開かれるものがあったし、日常に取り入れることができるようなヒントをたくさんもらった一冊だった。

「学園としても、フクシをこえる、というキャッチフレーズがあります。パイオニアにならなあかん、というのが期待されているやろうし、学園の職員だったらそれをやっていってほしいという願いがあるんやと思います」

村上さんは、現在南山城学園で一番若い管理職のひとりだという。

「同僚が私よりも年上だったり先輩だったりしますね。若手扱いされてきましたが、三〇代に入ったので、さすがにそう言われなくなってきました」

いえいえ、三〇代に入ったばかりなんて若いです、とつい反射的に言いたくなるが、それは「若手」であることとは違う。管理職としての責任と、これまで現場で積み重ねてきた経験が、明るく話す村上さんの言葉の端々に滲《にじ》んでいる。それを若いと表現するのはあまりに軽率だろう。管理職としての実感について聞いてみると、村上さんは、良い面悪い面どちらもありますと答えてくれた。

「もっと経験を、ということもあります。主任クラスでもっと知見を、ということもありえたし。一方で、いましかできないことをやっている感覚もありますね。理事長からの期待かなとも思っています。気にかけてくれていると思うんで、期待に応えたいなあと。任してくれるんやったら応えたい。自分が尊敬する上司や先輩たちに対して、成り代われるくらいになりたいっていう思いが入職当初からずっとあるんです。目標がその人たちだったから、もしその人たちがいまのポストから異動しはるんやったら、次に自分がなれるくらいにとは思っています」

村上さんがそうやって尊敬する先輩たちについて、どんな人たちなんだろうと聞いてみると、心に残っているエピソードは、各人ひとつくらいありますよと笑う。

「福田さんという先輩がいます。休憩所で一緒になると、いつも福祉や相談員の話をしてくれて。当時いた〈わこう〉は、障害支援区分が割と重い利用者さんも通所されています。自分や他者を傷つけたり、行動にも出てきてしまう。暴れはったときに、対応自体が難しい。駆け寄ったときに、愛着障害もあって、人の気を引こうとしたり。

あるとき、利用者さんが暴れはったときに、相手の反応に向かっていってしまった僕もいて。真夏の日で、壁を叩《たた》きに行こうとするんで止めていたんですが、あとから考えると、自分でもそれが良い対応だったのかわからなくて。昼ご飯を食べる気持ちにもならなくて、げっそりして休んでいたら、昼休みに福田さんが僕のところに来て。福田さんも、止めている僕の一部始終を見てくれていたんですね。僕がご飯を食べられないことに気づいたのか、パッとどこかに行って、ソフトクリームをふたつ手に持ってきてくれて」

ソフトクリームを手渡しながら、福田さんは村上さんに、「お疲れ、見てたで」と声をかけた。

「僕の対応、どうでした？　個人的には良くない対応してしまったかと思うんです」

村上さんがそう言ったら、そうなん、と福田さんは言った。

「そんなに言うほど悪くはなかったと思うけど。でも、自分で良くなかったと思ったんなら、良くなかったんちゃう？　次から生かしたらええし。何より、ひとりでようやりきったやん。すごいで」

村上さんは当時を思い出しながら話してくれた。

「どっと疲れていたこともあって。そう言ってもらって、いろんな感情が溢れましたね。やさしさに救われた部分がありました。いまも僕の師匠やと思っています」

村上さんは、福祉とは、誰にでもできるかもしれないが、大変な仕事ではあると思いますとはっきり言った。

「はじめて現場に出た職員が、『ひとりで大丈夫です』ってそれで済むような世界ではありません。いまやっている職員はみんな、誰かに助けてもらったり、アドバイスをもらったりしているはずです。僕もそうしてもらったから、いつかは自分もそうなりたい。もらったものを返したいんですよね」

理事長は「人を支えるのは人しかいない」と随所で語っている。人を支える人を、育てるのもまた人。この日していたネクタイの話も教えてもらった。

「学園には、身だしなみガイドラインがあるんですよ。ジーンズはダメとか、派手すぎたり、キャミソールはダメだったり。それもわかりやすく、イラストみたいになっているんです。学園の顔なんやからってことですね。定期的にフォローアップ研修があるんですが、そのときは全員スーツなんですよ。研修のときは、スーツに着替えてから行くんです。前に、理事長に『なんでかわかるか?』と聞かれたことがありました」

なぜだろう。村上さんはつづけた。

「スーツを着るのって、相手への敬意でもあるんですよね。そこに準備している手間と時間をかけて身だしなみを整え、相手のことを大切に思うことが大事なんやって話してくれました。なるほどなって思ったんですよね」

インタビューの最後に、これからのビジョンについて聞いてみた。

「今年から管理職になって運営面に携わるようになったんですけど、具体的によくしていきたいと思っていることは、ポイントポイントではありますね。いまだと、施設長の補佐をしながら、上司の動きや人それぞれのカラーを見て、将来的に自分もそういう立場になったときの準備をしています。方針自体はいままでと一緒なんかな。人を見て、良いとこ取りをしていこうって。

人材育成もやっていく必要があります。尊敬してもらえるような働きかけや、影響を与えること。と言いつつ、僕がこれまでやってきたことで、管理職をやりたいがためにやったことなんて一個もないです。やるべきことをただただアップデートしていく。自分に何が期待されているのか把握しながら、それをつづけていくことです」

揺らぎながら自分を見つけていく人もいれば、そうした揺らぎのなかでも、自分の立ち位置からしっかりと物事を見る人もいる。私が感じた村上さんの印象は後者で、話していると、どんなに揺れるような状況があっても村上さんはバランスをとって、自分の位置から変わらずにまっすぐ言葉を発しているような印象があった。広い視野と、その根底にある責任感と、前向きな向上心。不安な気持ちを抱えているときに、この安定感のある村上さんに相談ができたらさぞ頼もしいだろう。インタビューが終わるころには、そう確信していた。

第7章

知ろうとしないと、歩み寄ることもできない世界

京都市伏見区の醍醐に、障害者支援施設〈光《ひかり》〉はある。ここでは自閉症や発達障害のある方を対象に支援を行っている。広々とした本園の風景とはまた異なり、醍醐の山に囲まれるように、深い緑の山並みが広がり、白い靄《もや》がかかっている。

元々ここは醍醐和光寮という、京都市による公設公営の知的障害者入所施設だった。二〇一〇年にその運営主体が南山城学園に移管された後、障害者支援施設、デイサービスセンター、相談支援事業所などが開設された。

敷地に入ってすぐにカフェ〈ぷらんたん〉がある。平日なのにほぼ満席で、賑わっている。大きな桜の木があり、桜の時期にはここはいつも満席になるのだという。そんな人気の場所になるまでには、試行錯誤や改善の長い道のりがあったそうだ。

ここでまたオムライスランチセットを食べながら（なんだか食べてばかりだ）、この野菜たちも、〈さぴゅいえ〉で仕込まれているんだな、と学園内でのつながりを感じる。知ることで、見えてくるものがある。

自分の言葉を持っている人

これからインタビューをする戸波《となみ》ほのかさんは、佐々木さんから「自分の言葉を持っている人」と聞いていた。本を多く読み、短歌にも親しんでいる佐々木さんからそう形容される戸波さんはどんな「言葉」を話すのだろう。

戸波さんは現在六年目。長い髪をポニーテールに結んでいる。やわらかくやさしい声で話す。数日間縦走するような登山もするという。介護関係の仕事をしていた母親が、福祉が楽しいとよく言っていたことがきっかけで、障害者福祉にかかわりたいと、大学でも介護福祉士と社会福祉士を取得できるコースに進んだ。

「別の施設での介護実習で、自閉症の特性はあるけれど診断はついていない方に出会ったんです。そこから自閉症の方に見えている世界に興味を持ち、〈凛《りん》〉での介護実習の際に自閉症の方とかかわりたいと伝えました。そうして、〈凛〉で実習を組んでいただきました」

入職してからは、自閉症の方を専門的に支援する施設である〈翼《つばさ》〉に配属されて、その後〈光〉に異動したのが初の異動だった。学園内では、戸波さんは自閉症や自閉症の特性のある方を支援する、スペシャリスト的な位置付けになる。

「ものの見えかたや感じかたはみなそれぞれ違うんです。光に手をかざして、キラキラするのを面白いと感じる方もいる。音が苦手でイヤーマフをつけている方もいる」

言葉を選ぶように、戸波さんはつづけた。

「彼らと同じものを見たくても見れないって、そこに惹《ひ》きつけられました。もちろん、きれいごとにはできないんですけどね。同じように見てみたい、近づきたい、って強く感じるんです」

私自身、たとえ診断がなくても、もしかしたら自分や身近な人にもそのような特性があるのかもしれない。戸波さんも頷《うなず》いた。

「知れば知るほど、自分にも似ているところがあるかもしれない。人によって濃淡があるって意味はわかります。でも診断されている人は生きづらさを感じているから、同じって思うことは失礼かもしれないですけどね。モノをきっちり並べたい人もいれば、バラバラでも気にしない人もいます。ひとりひとり全然違う。かかわればかかわるほど、魅力的やあ、って感じるんです」

戸波さんは、少しうつむいて、もちろん、と前置きした。

「ご家族を含めて、自閉症と診断されてショックを受ける方もいらっしゃいます。だから、一支援者である私がそのことを魅力として感じているのはどうなんかな、とずっと思ってはいるんです」

私が事前に伺っていた質問アンケートに、細かく考えを書き込んでくれていたのが見えた。問いを持って、向き合って、揺らいで、それでも自分の正直な心をなかったことにはせず、たくさん考える人なのだろう。

「いままで出会った方のなかに、どんなに良い風が吹いていても窓を閉めてしまう方がいらっしゃいました。そうしなければならないというこだわりがあるから、そうするんですね。

一見すると、融通利《き》かへん困った人やな、って思われるかもしれません。でも、その人なりの理由があるんです。壁に頭突きしてしまう人もいるけど、それは脳に刺激を求めているんやって知ったときは衝撃でした。電車で大きい声出す方もね。知ってはじめて、ってところはあるかと思いますね。知ろうとしないと、歩み寄ることもできない世界です」

自分を振り返った。知ろうとしないと、歩み寄ることもできない世界――一体いままでどれだけ、知ろうともせずに冷たいことをしてしまったんだろう。

できることで補っていく

「障害者支援は介護とよく混同されることがあるんですが、それとは違うんですよね。自閉症の方への支援は、コミュニケーションにおける支援が重要です。とくに知的に重度な障害のある方は、しんどさを言葉で伝えられない。だから自傷や他傷といった激しい行動に置き換えてしまうんです。その方に合った表現ができるように、私たちは支援しています」

言葉で伝えられない方を支援するうえで大事なことのひとつが、行動のデータをとることだという。

「〈光〉の職員は概《おおむ》ね二五人です。八時間ずつ交代で、ひとりの利用者さんを二四時間ずっとひとりが見ているわけではない。職員によって、この人はこういう理由で人を叩いているんちゃうか、とばらつきがあるままではいけません。なので、データをとるところから始めます。何時に何をした、とグラフを作成して、傾向をつかみます」

データをとるなんて、まったくなかった発想だった。たしかに「エビデンスに基づく支援」とは何度も耳にしていたが、具体的にはそういうことだったのか。

「傾向をつかんだうえで支援を考えます。できないところを治すんじゃなくて、できることで補っていくという視点を大事にしています。何かできないことがあっても、じゃあ何ができるかなあ、何で補っていけるかなあ、って職員で集まって会議します」

たとえば、と例を挙げてくれた。

「〈光〉では、ＰＥＣＳ《ペクス》という絵カードを使ったコミュニケーションシステムを日常的に使っています。言葉を使ったコミュニケーションでは難しい人のために考案されたシステムです。職員に『○○をください』という絵カードを渡して、それを渡したら要求したものが返ってくる。その経験を通じて、コミュニケーションを重ねていくんです。

ほかにも、自閉症の方は目に見えないものを想像するのが苦手とされていて、先の予定がわからなかったり、いつものパターンが崩れたりすると不安になります。たとえば、いつもご飯食べたら歯磨くよな、と思っていたら、急な変更があったときにパニックになって自分を傷つけてしまったりする。そういうときに、イラストで今日何があるのかというスケジュールを、見てわかるように伝えて、今日はいつもと同じ流れなんや、という安心感を保証するんです。それが定着すると、何か変更があったとしても、『今日は違うことがあるんや。でもそのあとはいつもと同じやな、よしよし』みたいに、安心できるようになる。目で見たらわかるという強みを活かして、補っていくんですね」

コミュニケーションを補う仕組みは、学園に来てから、いたるところで見かけた。たとえば今日の職員当番表には、名前だけではなく顔写真が添えられている。〈ゆいの詩〉の「おへやのやくそく」にあった「ありさんみたいにちいさなこえで」も、どれくらい小さな声なのかわからなくて不安になる子どものための工夫でもある。

そうした工夫は私にとってもありがたいものだった。私だって、「適当に良い感じにやっといて」とか言われると、具体的な基準がないためにそれだけで苦しくなるし、締切も時間まで指定してくれないと嫌なタイプだ（それで守れるかというと顔を伏せてしまうが、少なくとも無用なストレスは減る）。

「コミュニケーションって、話し手が伝え、聞き手がそれを受け取ってはじめて成り立つものですよね。気を抜くと、職員から伝えることばっかりになってしまうけれど、利用者さんからどう伝えてもらうかがすごく大事ですね。たとえば、嫌って言えること。言われたほうは『もう、また嫌って言ってる』って思いかねない。でも、嫌って言えないと、人や自分を傷つけてしまうんです。だから嫌だと言えることは本当に大きな強みなんです」

自分の過去をまた振り返ってしまう。嫌って、言えてきただろうか。わがままとか、空気を読めとか、和を乱すとか言われることを恐れて、自分ががんばればいいのだと引き受けて無理をしてきた気がする。社会は、都合の悪い存在を嫌う。そしてその社会のなかにいると、強迫観念のように、誰かにとって都合の悪い存在になることや、迷惑をかけることを恐れる。具合が悪いことを人に言えない。遅刻しているとき、会社に「五分遅れます」って言えば良いのに、人を突き飛ばしてでも駅で走る。そんなとき、恐れている。自分が排除されてしまうことを、何よりも。

聞けば聞くほど、自閉症の方の支援は、専門の知識が必要だと感じた。何も知らずに、いわゆる定型発達の世界の感覚で接するのは誰にとっても良い結果は生まないだろう。

「こんな事例があります。ご自宅で自閉症の方がお母さんを叩いた。お母さんはどうしていいかわからなくてご飯を出した。そういう経験をすると、叩けばご飯が出てくる、となってしまうこともあるんです。叩いたら願いが叶う。叩いたら、嫌なことから逃げられた、みたいに」

思わず言葉がなくなった。だけどもし自分がそのお母さんの立場になったら、どうしていいかわからなくてそうしてしまうかもしれない。

「ひとりで抱え込んでも良いことはひとつもないですね。ご家族も孤立していってしまうと思うんです」

カツサンドをつくるという提案

戸波さんに、支援のなかで何を大事にしているか聞いてみた。

「利用者さんと一緒に何かに挑戦することです。ちょっと間違えると、支援する側とされる側で、上下関係になりかねない。そうじゃなくて、職員も利用者さんのためにがんばる。利用者さんはすでに自分のためにがんばっています。一緒に悔しがったり、一緒に考えたり。そういうことを大事にしています」

ときに、周囲の職員から、そんな「挑戦」を心配されることもあるという。

「受け持っている利用者さんの誕生会が今度あるんですが、その方はカツサンドが大好きなんです。それで、お誕生会にカツサンド作ろっかっていう提案をしたら、危ないよっていう意見もあって。もちろんそうなので、考えられる危険とその対応策を綿密に用意して、いかにそなえておくかが大事にはなってくるんですが……」

それでも思うんです、と戸波さんはつづけた。

「料理をしてあたたかいものを食べるのは、成人したひとりの人として、日常のなかに当たり前にあるものやないですか。それを、障害があるから、怪我したらあかんからやめよう、っていうのはどうなんかなって。そりゃ怪我は避けるに越したことはないし。でも、大人やったら、何かしていて少し指を切ったりとかちょっと油が跳《は》ねたりして怪我することはありますよね」

たしかに、自分の生活のなかで、料理はとても大きなものだ。台所に立っていると癒される。包丁をステンレスから鋼《はがね》に変えて切れ味が変わり、たまらなくうれしかったのはつい最近のことだ。火を扱って自分で自分の好きな味を作る。その喜びは、自分にとっても人生のなかで根源的なものだ。

「料理して、どんなふうにカツが揚がっていくか。油で揚げたときに、どんな音がするか、どんなにおいがするか。それを一緒に感じたいんです。それを一緒に挑戦したい。もちろん、怪我してもええやん、とは言えないんですけどね」

たしかに、安全は大事だ。だけど、危険を恐れるあまり後ろ向きになることはよくある。でもその方にとっては、一生に一度の経験かもしれない。

「どっちかというと職員が制限してしまう。この人はこれくらいしかできひんやろ、って無意識に決めつけてしまう。でも思っている以上にめっちゃできるやん！　ってことがあります。前にホイル焼きを作りはった利用者さんがいたんですよ。施設やと出てきたご飯を食べるだけやけど、きっとおうちで暮らしていたときに料理していたんやろなって。ちょっとサポートするだけでできることがいっぱいある。その挑戦を潰してしまうのはこっちなんです。もちろんそれは意地悪じゃなくて、職員も守りたいんです。怪我させたくないからって気持ちからなんですけどね。いつも、そのせめぎ合いです」

そうやって苦笑するように微笑んだ。

佐々木さんが言った、「言葉を持っている」とは、自分のなかに経験を持っていることかもしれない、と思った。自分が「生きて」いないと、揚げたてのカツサンドがどれだけ大事なのか、自分の手で料理をするということがどういうことか、わからないはず。

戸波さんは山に登る。山頂の景色や、道中の風景、山で食べるカップラーメンの美味しさ、帰り道に浸《つ》かる日帰り温泉、そんなすべての経験をひとつひとつ自分の体に溜めていて、それが結果的に、支援のありかたに具体的につながっているのではないだろうか。

このインタビューの前、学園の内定式を見学させてもらったときのことを思い出した。最後に事務局の伊藤課長が壇上に現れて、締めくくりとして学生さんたちに語った言葉がある。

「これから卒業まで、大事なのはひとつだけです。楽しく生きてください。支援者が生き生きとしていないと、それは利用者さんにも伝わりますので」

まるで業務連絡をするように現れて、最後にそれをさらっと言っていかれた。

職員が幸せじゃないと、利用者さんを幸せにできない。幸せを知らないと、幸せがどれだけ大事かわからない。

支援者もまたひとりの人間

「もちろん、つらいことも悩むこともあります。利用者さんがなぜ強い行動に出るのか、データをとってもわからないこともある。それでストレスを感じて辞めていく人もいます。しんどいときって、適切な場所で吐き出せないと結局仕事が嫌になったりする。そして利用者さんへの虐待につながってしまう可能性だってある。前にいた〈翼〉の上司は、だからこそ自分のことを大事にしなさいと言ってくれる人でした。セルフチェックシートもありますし、上司や先輩との面談時間はこまめにつくられています。吐き出す場を設けられるように」

戸波さんは、落ち込むときはとことん落ち込むという。

「一度、利用者さんを転倒させてしまったことがありました。そんなの、はじめての経験で。自分じゃなかったらこの人のこと傷つけへんかったのに、とつらくて。上司や先輩がケアしてくれたんで、いまがあります。支援者の自分は利用者さんの困りごとを考えて寄り添わなあかんのに、一方ではひとりの人間としての自分もいます。でもほんまに困っているのは、利用者さんなんやけどな、ってわかっているんですよ。そんなふうに、ひとりの自分と、支援者の自分とのあいだで揺れることもあります。落ち込むときはほんまにひたすら落ち込みますが、利用者さんの顔を見ると、その日はリセットされます。前の事業所で、私が落ち込んでいるのに、気づいてくれる先輩がいました。施設長も、人の心に寄り添ってくれる上司で、すごいなっていまでも思います。絶対忙しいのに、ひとりの職員、ひとりの人間として見てくれて。『そんなん言ってんと働き』とか絶対言わないんです。『じゃあ、戸波さんがいまがんばれる仕事ってなんかなあ、やる気出る仕事ってなんかなあ』って一緒に考えてくれたりしたんですよ。研修をやってみませんか、とかね」

思わず、「できることで補う」ですね！ と言ったら、戸波さんは「それです！」と笑ってくれた。

「利用者さんから『戸波さん』って名前で呼ばれるとき、とてもうれしいです。いままで名前に対して何も思わなかったけど。自閉症の方って情緒的なかかわりをあまりされない方が多いので、ひとりの人として認識されることに感動する。名前を覚えてもらうことって価値あるんやって実感したから、利用者さんも実習生さんも、その人の名前で呼ばんと、って。

利用者さんと支援者って、不思議な関係ですよね。家族ではないけれど、でもほぼ毎日顔を合わせる。生活そのもので、私の生きがいでもあります。お誕生日会みたいに特別なイベントを企画するのも楽しいですけど、そうやなくて普通の一日一日にちょっといいことがあるんですよ。それがこの仕事の良いところなんかなって思います」

ハレの日とケの日がある。特別ではない日常のケの日だって、あたたかいといい。

「言葉を持っている」とは、こういうことなのかとインタビューのあとに思った。みんな、本当は持っている。だけど、こんなこと言ったらダメだとか、適切じゃないのかな……と引っ込めたりしているうちに、自分のなかにあった素直な言葉は、どこにあるのかさえわからなくなってしまう。

言葉を選び、迷いながらもそれでも伝えてくれる。そうした揺らぎのなかにこそ、発すべき声は溜まっていくのだろう。そんな本が読めたらな、と思った。福祉に携わる人が書いた、揺らぎのなかで綴られた本。

＊

地元の鎌倉に帰ってきて、ときが経って秋になったある日、近所で声を上げて叫んで走っている人がいた。イヤーマフをしていた。

戸波さんの声がよみがえる。知ることから、知ろうとすることから始まっていく。

戸波さんのインタビューを終えたあと、亡くなった祖母のことを思い出していた。

私と祖母は親友のようで、祖母の運転でドライブしたり、一緒に喫茶店に行ったり、恋バナをしたりしていた。

祖母は認知症が進んで、意識が混濁《こんだく》し、私のことがわからなくなった時期があった。加えて、施設に入所したあと、持病が悪化し、手術が必要な状況になった。喉に挿管《そうかん》をして常時酸素を送る。その対応ができる別の病院に移ることになった。祖母はもう、二度と声を出して話すことはできなくなったということだった。

飛行機に乗って祖母の見舞いに行ったとき、祖母は声を失ったが、目には光が戻ってきていた。私のことがちゃんと認識できているると、ひと目見てわかった。いつもの祖母の表情だった。

呼吸を守る機械のシュー、シュー、という音だけがする、静かな部屋で、祖母と筆談をしたり、一緒に絵を描いたり、しばらく一緒にいた。やがて祖母は疲れたのか眠り、私はただそこにいて、漫画を読んだりしていた。祖母にとってはまったく知らない土地だが、とても静かな場所で、廊下を通る施設の人の表情が明るいのに救われたのを覚えている。

祖母が目を覚ました。手を伸ばし、私を見上げて、枕元の引き出しをトントン、と叩いた。開けてみると、中には棒がついた飴《あめ》が入っている。祖母はその飴を指して、人差し指を自分の唇のほうに向かってトントン、とした。食べたいから包装を剥いてほしいと言っているのだ。

その当時のことを思い出すと、いまだに、どうするのが良かったのかわからない。祖母がこれから、奇跡的に回復して元の生活を送れる可能性は限りなく低い。私が飴を渡して、祖母がそれを誤嚥してしまったら？　だめばい、と首を振った。祖母は「なんでよ」という目をしていた。「いいやん、大丈夫よ」と、何度も指で口元を指し示す。私は自分のその判断で、祖母の死を引き起こしてしまうことが怖かった。私は引き出しを閉めた。祖母は何も言わなかった。もう、声を出すことはできないのだ。

それ以来、その飴をコンビニで見るたびに考える。私はどうすれば良かったのだろう。あれでどうなろうと、あげてしまえばよかったんじゃないか。あれが、祖母が最後に味わうことができた、甘い飴だったのかもしれないのに。

もちろん、あのとき私はただ見舞に来た家族で、戸波さんが言っていたように、危険性を前もって検討したり、対策を用意したりして「そなえる」ことは一切できなかった。だから戸波さんが話してくれた誕生会と単純に比較することはできない。それでも、カツサンドの話を聞いて考えざるを得なかった。甘いキャンディ……。生きるとはそういうささやかな喜びの集積だったはずだ。

車で移動していたときに、伊藤課長がふと振り返って「食べたくないときは食べない。それをゆるせる支援をしているのが学園です」と話してくれたことがある。

「誰だって、今日は食べる気分じゃないとか、健康に良いとわかっているものほど食べたくないときはありますよね。それをやるのが『自由』なんです」

祖母が亡くなったのはもう何年も前のことだ。取材を終えたいまの私だったら、どうするか。飴を、祖母に渡すことができただろうか。少なくとも、みなさんだったらどうしますか、と学園の人には聞けたかもしれない。

第8章

地域交流から生まれるエンパワーメント

障害者支援施設〈紡《つむぎ》〉の施設長を務める、村地《むらち》正浩《まさひろ》さん。穏やかで明るい話しかたに、ついついこちらも話したくなってしまう。村地さんはインタビューの冒頭で、こんな話をしてくれた。

「僕たちの仕事は、目の前の利用者さんの支援をすることにあります。そして、僕たちの取り組みがまわりまわって社会全体を変えていく役割もまた、社会福祉法人にはあるんじゃないかと考えています。福祉ではノーマライゼーション※という理念がありますが、大多数の意見に無理やり合わせていくんじゃなくて、生きづらさを抱えた人にやさしい社会が、文明的にも素晴らしいですよね。そう考えると、福祉はもっと、社会づくり、まちづくりに寄与していける可能性があります」

それはまさに、私が南山城学園に来て感じていたことだった。

「元々は教職を目指していました。祖父が赤ん坊の僕を見て『先生になったほうが良い』と言っていたそうで。物心ついてからは、いわゆる良い子で、そういうことを期待されているのだとどこかで感じたんでしょうね。それで教職を目指していました。人間は変わっていけるのだと伝えられる先生になれたらって」

体育科専攻だったが当時は就職氷河期。京都府の体育教員は募集すらほとんどなかった。

「非常勤でやっていたんですが、僕は当時の体育教員のやりかたに違和感を抱いていて、『そういう方法ではないまとめかたをしたい』と試験で答えたら、『いや、やっぱりシメなあかんでしょ』みたいな圧を感じて。生徒指導とか言われても僕は難しいタイプやなあと感じて、面接を受けにいくのも嫌になってきて」

※ノーマライゼーション……障害のある方もない方も、より快適に当たり前の生活をする権利があり、社会全体でそれを実現していこうとする理念。

そんな時期がつづいていたとき、転機となるひとつの出会いがあった。

「二七歳のときですね。僕はずっとサッカーをやっていて、大学のOBチームに所属していたんです。そのなかに南山城学園で若くして管理職をしている先輩がいたんです。僕に、『学校の先生になかなかなれへんなら、こんなとこもあんで』と言うてくれはって。それで面接を受けて、入職しました」

振り返ると、福祉の道に惹かれたできごとはそこかしこにあったという。

「非常勤講師をしていたとき、祖母が独居で、父母や私で泊まって一緒にご飯を食べたりしていたんですが、ヘルパーさんが祖母のオムツを変えたり身の回りの世話をしたりして、清々《すがすが》しい顔で、ありがとうございましたって言って帰っていかれたんです。その姿を見て、福祉の人すごいなと。後光《ごこう》が差しているように見えたんです。ちょっと自分には真似できないなって。でもどこかで、あの人のようにできたらすごいだろうなと引っかかっていたことが、福祉の道に来たきっかけでしたね。いま自分がそうなれているかな、って考えますけれど。

とある養護学校で臨時任用教諭として働いた時期があったんですが、その一か月が刺激的で。僕が習ってきた技術は全然通用しなくて。平安神宮に散歩に行く体育の授業があったんですよ。狭い路地をみんなで歩いているときに車が来たんですね。そういう場合、ふつうの教員なら『端に寄って！』とか言うんですけど、このときは、「みんな！　忍者！」って先生が声をかけたら、みんなニンニンポーズで壁にピタって張り付くんですよ。『端に寄って！』と言うより、ものすごく伝わっている。既成概念が崩れた瞬間でした」

職人芸からエビデンスに基づく支援へ

村地さんは学園に勤めて二〇年以上になる。これまでインタビューした職員さんのなかでも大ベテランだ。私は聞いてみたいことがあった。

理事長が講演で、「変わらないものを大事にするためには変わっていかないといけない」と話をしていたのを聞いた。村地さんの目から見て、変わらないものと変わってきたものはなんだろうか。

「まずは法人の規模ですね。私が入職したときは学園はまだ現在の本園だけでした。それから本当に大きくなりましたが、理事長は別に規模を拡大させていこうと思ったわけじゃないんです。まず地域のニーズがあって、それにひとつひとつ寄り添っていくなかで大きくなった。地域福祉支援センターも、僕が入職したときにちょうど、城陽ではじめての立ち上げやったんですよ。教育システムだって、僕らが入ったときにはなかったものが構築されたのは大きな変化です。法人の基本理念がしっかりあって、それを体現するにはどうするかという行動規範と基準を示した『七つの誓《ちか》い』が学園にはある（「基本理念」と「七つの誓い」は巻末に掲載）。それに基づいて、目指すべき職員像に向かっていける、って大事なことです」

変わったものと変わらないものはほかにもある。

「ここで一生過ごすことになるかもしれない。とにかく訓練や指導という、上から目線は一切したくないという思いはずっと継承されています。やりかたという意味では改善されてきた一方で、大事にされてきた理念というのはそのころから脈々とつながっているのかな」

変わったものとしては……と、思い出したように笑った。

「当時は、『ＫＫＤ』という言葉もあったんですよ」

ＫＫＤ？

「『勘、経験、度胸』のＫＫＤですね。その人の経験則に基づく職人芸……という世界も、昔はありましたね。いまはそこから変わって、エビデンスに基づく福祉を大事にしています。現在のＫＫＤは、『勘、経験』じゃなくて、『仮説、検証』だろう、ってね」

なるほど！　では現在のＤってなんだろうか。村地さんはつづける。

「そうした経験則に基づく支援の良さみたいなものもあったとは思うんですよ。でも、こうしてみたらどうでしょうと言ってみても、先輩に『何いうてんのや』と経験で返される。新人はそれ以上もの言えへんでしょう。だから、現在の行動データをとる方向に切り替わったのは、そういう意味でも必要やったんちゃうかな」

現在のＤは「データ」かもしれない！　つい言ってしまった。

「現在はむしろ、やってみたらええんちゃう、という文化です。そうなる組織づくりは、管理職として意識していました。まあ、実際どうかは若手に聞いてみないとわからないですけどね。自分の感性や志、福祉観を融合させながら、あるべき姿を求めていくのが大事です」

また思わず、ＫＫＦ（感性、志、福祉観）ですね、と口をついて出た。自分でも何を言っているんだと思うが、関西弁で滑らかに話す村地さんのお話は流れるようで、不思議とリラックスしてそんなことを言ってしまいたくなる感覚があった。

毎日の営みのなかに答えがある

「ワーカホリックになったこともあります。正直ね。妻ともばちばちに対立したりね。だからこそ子育て世代には同じ轍《てつ》を踏んでほしくないから、早く帰りましょ、っていうてます（笑）。もちろんそんな経験も、いまの自分を形づくる礎《いしずえ》にはなっているんですけどね。どんなに叩かれてもめげずに丁寧にかかわりつづける。それはすごいんですが、そういうやさしいかかわりができるためには、まずは働く職員の満足度が先にあるんやないかな」

たとえば、と村地さんはつづけた。

「虐待したらダメですよ、手荒なことしたらダメですよ、と言うても、それでは人は動かへん。上の人からやさしくされたり、認められたり、心の安定が保たれる環境のなかで働くからこそ、良い支援ができる。マネジメントの人間は、そこはちゃんとせんと。敏感でないとあかんと思いますね。利用者は幸せになるけど私は不幸になる、というのも違う。双方がハッピーになることを目指さないとつづかないでしょう。絶対、みんな幸せになるために生きていると思っているから。生きる誰しもの根源でしょう。

高校のサッカー部の先生が、『永遠の未完成、これ完成である』って色紙に書いてくれて。それでも完成を求めていくその姿勢こそが大事なんやって僕は読み取ったんですけど。理事長との面接のときも、座右《ざゆう》の銘《めい》を聞かれてそれを答えました。ほんまに、福祉って答えが簡単には見つからない。1＋1＝2じゃない世界。でも、それを自分は求めていたなって。わかりやすい答えを求める職員さんもいます。でも管理職の僕たちだって、そんな答えなんて持ってなくて。それは、日々利用者さんにかかわっている職員の、毎日の営みや繰り返しのなかに、絶対そこに本当の答えはあるんやって僕は思う。でも、そうやって答えを探して悩んでいるってことは、一生懸命考えているってことですよね。だからそれはすごいことなんです。悩んでいるのは、一生懸命やっている証拠。悩んでも、かかわることから降りひんことに、仕事の素晴らしさがあるんやって。以前、倫理研修の講師をされた同志社大学の先生がそう話されていました」

　増田さんも、大学の授業で好きだったと話していた先生だ。

「勇気づけられますよね。研修に一流の先生が来てくださるのは学園の強みです。先生がおっしゃっていたのは、『支援とは、その人が自分はここにいて良いと思える関係や場所をつくること』やって。僕らは、生きづらさを感じている方に、たとえ解決はできなくても、耳を傾けつづける。それが僕らの営みなんです。『何も解決してへんやん！』と思って、どうしたらいいんですかとなっても、そこに答えはない。だけど、そばで一緒に聞いていることに意味がないわけではない。そこに、僕たちが果たせている役割がきっとある。それが、佐々木さんがいうてはるらせんなんやないかな」

　追悼文に残されている、らせんという言葉。もはや私の頭のなかで南山城学園の福祉を語るキーワードになりつつあった。

「簡単なことではないですけどね。自分の人生設計だってうまくいかへんのに（笑）、人の生活をデザインするなんて、そんなね。全然進んでへんやんって無力感を覚えても、でも考えつづけることをあきらめてはいけないし、降りてはいけない。希望をいつか見出すことに、この仕事の専門性や職業倫理があるんやなって」

私は、お稽古《けいこ》に行き始めた武道の話をした。

フランス文学者で武道家でもある内田樹《たつる》さんは、武道で目指すものは、自分が一生かかってもたどり着けない場所だという。簡単に見える動きも、本当にやるには何十年やってもたどり着けない。でも、そのたどり着けないところに向かって足を踏み出したこと、その道に入って少しでも進もうと思ったことが大事なのだそうだ。その果てしなさを思うと、いまできているかどうか、人と比べたりなんて意味がない。私もそう思うようになった。そんなことを話すと、村地さんは、辞めたいと思ったときのことを率直に話してくれた。

「管理職になってからです。ストレスですね。どんなに防ごうとしても、予期せぬ事故ってあるんですよ。自分で危険を回避するとか、調子が悪いって言葉で示すのがそもそも難しい方を支援している。何が起きるかわからない職場なんです。命の重さに打ちひしがれます。決して怠慢ではなく、むしろ利用者さんのことを真摯《しんし》に考えて取り組んだ結果、事故が起こることもありうるわけです。言い訳にはならないんですけどね」

大矢さんも言っていたが、管理職になってからは、常時携帯に電話がかかってくるという。

「でも僕にも家族がいるし。バランスの取りかたがしんどかったんでしょうね。責任がある仕事からはもう離れる、と意を決したこともあります」

だけど結局村地さんは、辞めなかった。

「その後に感じた仕事のやりがいとか、利用者さんとのかかわりのほかにも、地域とのことが大きかったんですよ。僕の立場からできることがたくさんあって。地域共生社会が大切と言われますけど、それには子どもやと思っていて。早期から福祉教育をしていくのが大事です。そして、もしあそこで辞めていたら、その後に僕が心底感動したいくつかのことは、きっと経験できなかったです」

社会になくてはならない存在になるために

村地さんは以前、醍醐エリアの〈輝《かがやき》〉の施設長を務めていた。

「すぐ近くに小学校があって、そこの小学生を〈輝〉に招いたりしていました。〈輝〉では、高齢期を迎えた、知的障害のある方を対象にした支援をおこなっています。みんな最初は利用者さんを見てびっくりして、『なんでヘルメットかぶってるんですか？』とか聞いてくる。それを職員に答えさせるんです。職員も、普段使っている福祉用語を噛《か》み砕いて説明しないといけない。それ自体すごく良い経験になるんですよ」

障害のある方に最初は馴染みのなかった子どもたちも、交流のなかで変わっていくという。

「知的障害のある方を、最初、怖い人とか弱い人って思っている子どももいます。やけど、一度施設に来て交流すると、そういうわけでもないんやなって気づいてくれたり。みんな、快・不快を感じる同じ人間やって感じはって、二回目からは子どもたちも嬉々《きき》として来はったりするんですよ。〈輝〉でそういう実践ができたのは楽しかったです。

小学校の先生も驚かれるんですよ。『この子は普段問題児で、いらんことしいで、やのに利用者さんと一緒にやる活動では、丁寧に教えてはった。そんな姿は学校では見たことないです』って。利用者さんも利用者さんで、小学生が見学に来たら、自分の部屋のフィギュアコレクションを自慢げに見せはったり、写真撮るときにポージングしてみたり。子どもの前でひとりの大人として振る舞われるんですよね。それは職員と利用者さんだけでは出せへん空気感なんです。交流することで元々内在している力が引き出される。僕たちはそれをエンパワーメントと言いますけど、それがいま、この場で生まれているって感じた瞬間は喜びそのものでした。

この近くは、子どもが大きい声出したり、自由に走り回れる広場がないんですよ。それで、よかったらうちの敷地使ってくださいよってお誘いしていました。敷地内の畑で、芋掘り交流したりね」

村地さんにはひとつの想いがあった。

「醍醐エリアは元々、京都市が運営する和光寮でしたから、利用者さんたちは地域の人から『和光寮の人』って呼ばれていました。でも、僕は、そうではなくて、『〇〇さん』って個人の名前で呼ばれたらええなって思っていたんです。

ある日、保育園児が芋掘り交流に来たときにね、みんなと仲が良い利用者の大澤さん（仮名）を見かけて、園児たちが『大澤さーん！』ってみんなで大声で呼んでくれたんですよ。僕は、ほんまにうれしかったなあ、あのとき」

もしかして、あの方だろうか。一枚の写真を見せた。私が〈輝〉を見学していたときに、ひとりの利用者さんがニコニコと施設を案内してくれた。その方のお名前も大澤さんだった。

村地さんはびっくりした後、目を細めて笑った。

「そうです、そうです。大澤さん、元気にしてはるなあ」

写真の中の大澤さんは笑顔で写っている。お部屋を訪ねた人のゲストブックみたいな芳名《ほうめい》帳《ちょう》を作っていて、私も記帳させてもらった。

「芋掘り交流の日はほかにもいろんなことがあって。歩くのもままならんと思っていたダウン症の人が、鬼ごっこで子どもたちと一緒に走ったりね。そういうところに面白さがあるし、共生社会ってあるんやないかな……」

大学で開催されたイベントに出店したときに、ある利用者さんがスタンプラリーのスタンプを押す係だった。やさしいタッチで押す様子を学生さんが微笑ましそうに見ていたそうだ。

「それは、その利用者さんにしか出せへん空気でした。施設はどうしても限られた生活空間やけど、そのなかでも、地域とのつながりはつくっていけるって思ってて。それは管理職としての自分の役割でもあるんです。地域の人にも、そうした利用者さんの姿から、何か学びや喜びを感じてもらえるきっかけがあるんちゃうかなって」

最後に、村地さんが話してくれた言葉が印象的だった。

「福祉は、日の当たらへん仕事やなと感じることがあります。でも、その重要性を世の中に知ってもらえたらと思うんです。医師でもある理事長は以前、福祉業界を社会の静脈から動脈にしていきたいという趣旨の話をしていました。社会になくてはならない存在である我々の仕事にもっと脚光が当たったら。そうなるように関与できたらと思っています」

＊

インタビューを終えて、彩雲館に帰った。帰りが遅くなるからと、夕食を給湯室の冷蔵庫に入れてくださっていた。レンジで温めて食べる。栄養士さんがグラムまで測って作ってくれている食事を日々いただいている。今日は豚の生姜《しょうが》焼き。いただきますと手を合わせた。汁物に、副菜も二、三種類。ふりかけまでついている。朝はパンとご飯が交互に出たりして、飽きない工夫がなされているのがわかる。自分では絶対に作れない、温かく栄養のある美味しい食事。いつも本園で会う利用者さんから「今朝バナナもついてたね」と話しかけられたりする。

食べながら、駐車場のゲートが開く音がする。職員さんが退勤していくか、あるいは出勤しているか。この音は、朝も夜も定期的に聞こえる。その音を聞くたびに、シフト勤務で二四時間誰かがここにいるのだ、と思う。

食事の後、机に座り直して、今日の取材ノートをまとめようと開く。

村地さんのお話は、そのまま一冊の本になりそうだった。

村地さんと話していて、頭の中に浮かんでいたひとつのイメージがあった。それは大きな川だった。その流れる水には、さまざまな栄養分が溶け込んでいる。それと同じように、ひとりの中には、多くの、忘れられそうな、誰かの言葉や姿が溶け込んでいる。そしてその流れは大きくなり、いつしか流域の土地を潤《うるお》わせていく。まっすぐではなく、ゆるやかに蛇行する、大河のような流れ。紆余曲折《うよきょくせつ》に見えたとしても、その分得られた多くの経験は別の誰かに流れ込み、流れはずっとつづいていくのだろう。

和室の机の上には、初代理事長が執筆した書籍がある。

言葉を大事にする、というのは、もしかしたら南山城学園の特徴なのかもしれないと思い始めた。初代理事長が書いた最初の書籍は『この道は遠くとも――意識改革を通じて社会福祉の推進を』という。「この道は遠くとも」――この言葉は、本園の東側にある小高い丘にある慰霊碑《いれいひ》にも刻まれている。「魂 この道は遠くとも」と。魂は、言葉に宿る。学園に受け継がれてきた言葉を読むのは、そのまま魂に触れることだった。

慰霊碑にはたくさんの名前が刻まれている。ここで最期のときを迎えられた利用者さんや亡くなった職員の方々の名前。慰霊碑は本園の中心方向に向かって、敷地を見守るように建てられている。慰霊碑には、仏像の絵が彫られていた。よく見てみると、その仏像の姿に見覚えがある。もしかして、と思って、能楽師の安田登《のぼる》先生に連絡をした。安田先生が以前開催していた「曼荼羅《まんだら》講座」に参加したときに見たような……すぐにお返事が届いた。

「大日如来《だいにちにょらい》ですね」

やっぱり、という気がした。大日如来は、すべての仏の源。密教では宇宙の最高の仏とされ、その光明はあまねく宇宙を照らす。

その姿が彫られた慰霊碑が、学園を見守っている。職員のなかには、ここにひとり静かに思いを馳《は》せにくる人もいるという。人を大事にするとは、その人の魂ごと大事にすることだ。誰かが、ここでいつも手を合わせているのだ。

第9章

関係から降りないために

障害者支援施設〈翼《つばさ》〉は、重度の知的障害と自閉症、発達障害のある方を対象に支援をする事業所だ。本園から歩いていける距離にある。同じ施設内には知的障害のある方のデイサービスセンター〈あっぷ〉もある。本園に入居している利用者さんが私に気づいて手を振ってくれた。

コンクリート打ちっぱなしの壁に、木でできた床。〈翼〉と〈あっぷ〉の施設長を兼任する西田武志《たけし》さんの第一印象は、パッと顔全体で笑うようなビッグスマイルだった。あまり人の容姿を何かにたとえないようにしているが、その笑顔を見て浮かんだのは、どこまでも明るく人を照らす七福神のひとり、えびすさまだった。

「研修に使う自己紹介のプロフィールなんですよ」

西田さんはそう言って、スライドを見せてくれた。

スライドは二枚。一枚目には名前と職歴に資格。二枚目には生年月日、出身、現住所、家族、身長体重、血液型に病歴、好きなこと……マラソンに出場したときの西田さんの写真を見て、びわ湖マラソンというものがあるんだな、なんて呑気に眺めながら、すごく細かく情報を載せているんですねと言ったら、西田さんは私の目をまっすぐに見つめて、こう言った。

「このスライドは、私のことを知ってもらう意味もありますが、支援者は利用者さんの情報をこれくらい把握していますよね。支援者はそういう意識でやっていますよね、という意味でもあります。その意識をもって、利用者さんにも日々接してほしいというメッセージを込めています」

西田さんの目はまだ、まっすぐに私を見ている。思わず、職員の気持ちになって震え上がった。

現在西田さんは、勤続二五年となる。最初に配属されたのも〈翼〉。なんと、ずっと〈翼〉勤務なのだという。

「異動の多い法人ですが、ここしか知りません。主任を経て、施設長になりました。そこから〈あっぷ〉のセンター長も兼務しています。施設長になってから十数年ですね」

西田さんが中学生のころ、母親が、身体障害のある方の支援をする仕事を始めた。

「中学校のとき、母が職場で支援している障害のある方が家に遊びに来られたんですよ。こんな人がいらっしゃるんだなと知ると同時に、母親がやっている支援のような仕事があると知ったんです。大学進学で、とくにこれといってやりたいことはなくて。

今年で四九歳になるんですが、当時は福祉が割と流行っていたんです。バブルが弾けて、ある意味で安定している業界やといわれたりして。それで、福祉学科に進みました。

大学では別にそんな真面目にやってなかったんですけど。社会福祉士の資格を取るために実習に行くんですが、実習先が知的障害のある方の入所施設でした。四週間寝泊まりして。なんじゃこれ、と最初はなりましたね。なんで顔を叩いてんの、とか。なんで大人なのに、子どもっぽい関心で動いてくんねやろ、とか。

そして、一週間くらいでハマりました。何が魅力だったか言葉にできないんですけど、一緒にいることが自分には居心地良かったんですよね。それで、実習生やのに早朝から夜中まで施設現場にいる、みたいなことになっていました。夜勤でも、職員さんに『一緒にいていいですか』って頼んでついて回ったり。変な学生ですよね」

南山城学園に入職したのは、たまたまだったという。

「実習後もその施設にはボランティアで通ってて、卒業したらそのまま採用されると思っていたんですけど(笑)、いろんな事情があって採用に至らずで。そのときもう四回生でした。実習時の経験から、知的障害の重い方の入所施設で仕事をしたいと、関西圏で絞って調べて、南山城学園の募集を見つけて。卒業直前に試験を受けさせてもらって、受かって春からすぐ学園勤務です。だからほんまに、学園に入職したのはたまたまやったんですよ」

強度行動障害への支援

「〈翼〉は強度行動障害という状態にある方を支援する施設という位置付けです。それにしても、強度行動障害って派手な名前ですよね……行政用語なんですけど。全国に多数おられる、自分や他人を傷つけてしまう状態の方への支援を強化する施策が国の主導で進んでいきました。それに対応する形で、南山城学園のなかで障害者支援施設〈翼〉も立ち上がりました。
国としても、支援の質を上げる必要があって、全国で研修をやっているんです。講師をさせてもらったり、かかわらせてもらう機会もありますね。中核的人材養成研修が二〇二四年から始まり、それを受講させてもらったりとか。現場は一緒ですが、私自身がやっている業務は拡大してきましたね」

支援のありかたも変化してきたという。

「支援って、ただただ積み上がっていくものでもないんです。ひとつのことをいろんな角度で見て、検証していく。ひとつのテーマをらせん状にやっていく感じですね。
いまでこそ学園は、利用者さんの行動のデータをとって、エビデンスに基づく支援を実施しています。だけど最初は、利用者さんの行動上の課題にどう対処するかを考えるような形の支援でした。

自閉症の特性や行動を学ばざるを得ないと感じて、当時〈翼〉が事務局となり、京都府や関連する機関にも入ってもらって研究会を立ち上げたんです。参加施設を相互に行き来したり、京都市内で大きな会場を借りて、全国で先駆的に取り組んでいる施設の職員や先生をお招きして講演会をやったりしていましたね。そのころはまだ、現場職員でした」

変わってきたものと、変えてはならないものがあるという。

「ここは利用者さんの暮らしの場なんで、職員さんごとにいろんな意見や見立てが違って当たり前なんです。だけど、エビデンスをとるという仕組み自体は変えない。この仕組みがあれば大丈夫、というのが統一した支援かなと思っています。いろんな目があったほうが安全なんですよ。意見が違っても、すり合わせをずっとやっています。

僕が誰かに理詰めで話したりは絶対にしないです。自分の立場で理詰めをすると、職員はそれを変えられないと思うんですよね。『いやいや施設長、それは違います』なんて言えないでしょう。施設長もああ言うてたし、ってなって、担当者の本意じゃない、って出てくるのは一番気をつけていることのひとつです」

西田さんは、職員に対して、フラットな関係で接するという。

「そもそも、全職員に敬語で話します。『◯◯くん、あれやっといて』とか絶対言わないです。みんな、ひとりの社会人なんですよね。僕が年長者とか上席だから、とかの理由で、簡単に指示をしていい存在じゃないんです。ひとりの社会人として、あなたのことを尊敬するから、そう接します。口に出してそんなことは言わないですけど、そう思って接していますね。

『虐待の連鎖』っていう言葉がありますよね。虐待をされた人は、虐待をする側になる。その反対で、大事にされるから、人を大事にできる。

自分が杜撰《ずさん》に扱われる職員は利用者さんを大事にできないと思うんです。僕がある職員に対して厳しく当たったとして、その人は利用者さんに対して『俺も西田にああ言われてんから、お前もがんばってくれよ』って対応をしてしまうかもしれない。ほかにも、西田に言われたとおりにやって、それで利用者さんの状態が改善しなかった場合、職員のストレスが向く先って、僕じゃなくて利用者さんなんですよ。これは絶対そうなんです」

私はもう冒頭から圧倒されていた気がする。過労で倒れたりしたときでさえ、「お前がががんばりすぎたからだろ」と責められがちな現代社会。福祉には、そこから脱出するヒントがあると感じたが、同じように危うさもあるのかもしれない。いまの社会を生きていると、自然に「みんなと同じようにできるようにならないといけない」と思うようになる。社会の期待に応えて、がんばって必死に生きてきた人ほど、その全体に合わせていくマインドのままで福祉の仕事をすると、できない人を、なぜできないんだと責めてしまうんじゃないだろうか。ひとりの人として尊重するのではなく、ただ「弱者」だとみなしてしまうんじゃないか。それが虐待につながるんじゃないか――そんなふうに感じていたことを話したら、西田さんは「虐待防止ばっかりやっているといっても過言ではないです」と言った。

「本当は、虐待防止っていうより『権利擁護』と言ったほうがいい。同じようなことですけどね。防ぐ防ぐって言うと、職員のことも締めつけることになる。それよりも、良い支援や良いかかわり、そっちを意識したほうが良いんですよ。利用者さんご本人にとっても、職員さんにとっても、『快』である時間をどれだけ増やすかってことが大事なんです」

虐待防止という意識でなくて、いかに利用者さんも支援者も両方幸せになるかを追求していくほうがよっぽどいい――目から鱗《うろこ》が落ちるような思いで聞いていた。

「不快を減らすって、すぐにできることもあるけど、そうでないこともある。自分の苦手な話しかたをする人が近くにいる状況から離れるのは難しいけれど、たとえば好きな動画を見て過ごすことはすぐにできますよね。利用者さんのなかには人を叩いてしまう人もいますが、叩く時間を減らすことを考えるより、叩かないで済む時間をどう増やすか考える。人の行動なんて、そううまく変えられるわけがないんです。人に言われて行動が変わるくらいなら、もうとっくに変わっていますよね」

叩かないで済む時間をどう増やすには、本人を変えるのではなく、本人を取り巻く環境を変えることが大事なのだ、と西田さんは語る。

「そのためにデータを具体的にとります。人を叩く行動が、どういう時間に、どういう人がいる環境で起こるのか。その回数は多いのか少ないのか。多くないときの条件はどんなやったか。そうやって調べていく。たとえば、職員が騒がしくしていたときが嫌だった、みたいなことがあります。背景要因と、課題となる行動が現れるキュー（合図）が見えたりするんです。そうやって、本人がハッピーな環境はどんなときか、データをとって探します」

学園の職員さんは、まるでセンサーが備わっているみたいに、ひとりひとりの変化にちゃんと気づけている。私は、身近な人が実は体調を崩していたりとか、精神的に苦しんでいたりとか、気づかないことなんてざらにある。本人は知られたくなかったのだと思うが、それでも気づいてあげられたらよかった。そう話すと、西田さんはこう言った。

「一緒に住んでいる身内だったら、逆に気づかないんじゃないですかね。僕たちも、すごく注意していることがあります。得てして熱心な職員ほど、利用者さんに近づいてしまうんですよ。そうするとその人しか見えなくなって、周りとの比較ができなくなる。もっとそれが進むと、利用者さんが不調なときに、自分も不調になったりする。その次にあるのが、燃え尽きなんですね」

やわらかな口調なのに、緊迫感さえ感じる。西田さんの目は一体、どこまで見据えているんだろう。

「そういうときに、『ちょっと近いですよ』とは声をかけるようにしています。『ちょっと引いてみて、一緒にいるメンバーの声も聞いてみたらどうですか』って。利用者さんを大切に思うことは大事なんですが、対象＝自分になってしまうのは危険ですね。熱い心と冷めた頭、そのどちらもが必要です」

職員のメンタルヘルス

西田さんが支援のなかで一番大事にしていることはなんだろう。

「かかわりつづけること、ですね。ここでの関係から降りないことです。利用者さんは支援を必要とされているので降りられないでしょう。だけど支援者である職員は降りられる。だから、自分をメンテナンスしていくことが大事なんです」

降りないと聞いたとき、一瞬ドキッとした。「降りられない、降りてはいけない」となったとき、私だったらきっと追いこまれてしまう。だけど西田さんの話はやっぱり西田さんで、自分がここにいつづけるために、降りないで済むように、とポジティブなほうに話が向かった。私も自分の話を西田さんにしてみた。

私も作家業を一生懸命やることが良いという気持ちがどこかにあったが、ひどく燃え尽きてしまったことがあった。そのときに、書きつづけたいからこそ、睡眠時間をとって、いいものを食べて、好きな人と会うことの大切さがわかった。それが、私にとっての、作家業から降りない、ではなくて、降りないで済むように、だったかもしれない、と。

職員のメンタルヘルスについても聞いてみた。

「常にメンタルヘルスは気にしています。民間企業だと、売上などの評価基準があって、キャリアアップの指標があるんでしょうが、ここにはそういうわかりやすい指針はない。私に気に入られているかどうかが評価基準に影響する、なんて捉えられてしまうと、そういう力学が発生してしまいますが、感覚的に、社会福祉法人だとあまり出世欲がある人は多くないんです。ただ、どっち向いて仕事しているのって人は、なかにはいたこともありますね。ほかの職員に良く見られるように、利用者さんの食事の時間を急かして定刻より早く終わらせて、余裕を持って次のシフトの人に引き継ぎをしたりね」

振り返ると、私もいろんなところでそうしてしまっていたと思う。

「もちろんね、うまくやるっていうかバランスもいるんですけど。現場のなかで、その人が仕事しづらくなるのもよくないですから。どちらに傾きすぎてもよくない。

　メンタルヘルスという意味では、何事にも言えますが、消火の前に、そもそも防火をしておくほうがいいですよね。ひとりひとり、その人のことを普段から大事にしておくってことだと思いますが、不調までいかなくても、ちょっと変化があったときには気にかけて言葉をかけるとか。業務の進捗を尋ねたりとか、声をかけるようにしています」

　なるほど、と思っていたが西田さんの話にはまだつづきがあった。

「――で、その変化ってのは、不調も、好調も、両方です。いまこの方ががんばってて良い感じやなーってときほど、メンタルヘルスは怖いんですよ。何かで急に折れちゃったりとか。自分がやってきた仕事に価値観を見出せなくなったりとか。思っていた評価じゃなくて傷ついたりとか。だから、一見してがんばっているときも気にしています。それ以外の人も気にしています。フラットなりに、みんなを気にしています（笑）」

一五年間の長く地道な支援

「いわゆる行動障害の方に会ったことありますか?」

西田さんにそう聞かれ、ありませんと答えたら、ちょっとだけ見てもらっていいですか、とパソコンで動画を見せてくれた。

「いまからもう二〇年近く前の映像です。強いこだわりを示される方でした。例を出すと、一度、お風呂に入っている最中に何かの掛け時計が落ちたことがあって。それで次の日から、『お風呂に入ったら掛け時計を落とさないといけない』という強いこだわりが生まれ、課題となる行動を繰り返ししたことがあります。これは、その方が入所されたときの映像です」

部屋で食事している様子だった。大きな叫び声をあげて、ものを投げつけている。

「この方は当時、暮らし全般に見通しが持てなくて。その日一日の見通しがわからないままいるのが、すごく大きなストレスになっていたんです。嫌なものがあれば、捨てたい、と投げつける。寝る前もスムーズに自分の部屋に戻れず、近くにあるものを投げつける行動を取っていました。そして、それがこの方のルーティーンになっていたんですね。朝日が出るまで投げつけるのを繰り返されて、明るくなったら寝てはりました」

これまでも職員さんから話は聞いていたが、話として聞くのと、動画とはいえ自分の目で見るのではまったく違う。

「暮らしの見通しを持ってもらうために、一日の予定表を伝えたり、絵カードを使って自分の意思を伝えられるようにしたりと支援を継続しました。次の動画も見てもらえますか」

動画を止めて、また別の動画を再生する。同じ方だが、表情がまったく違う。笑顔になっていた。食事も、ほかの利用者さんとみんなで一緒に食べている。

「さっきの動画からこっちの動画まで、一五年くらいかかっています」

——一五年。途方もない時間だ。口で言うのは簡単な「支援」。それは、本当に長く地道につづけられるものなのだ。西田さんが動画を見ながら説明してくれる。

「これ、ほかの利用者さんと同じ食器を使っていますね。投げても割れない素材じゃなくて、家庭用の食器ですね。これは、おやつの絵カードを出しています。具体的にほしいものを絵カードで示すと、職員さんがおやつを持ってきて、うれしそうに受け取っています」

当時〈翼〉にいて、異動を経て、また〈翼〉に戻ってきた職員は、その方の様子を見て驚いたという。

「この状態になるまで、トライアンドエラーの日々でした。ＰＤＣＡサイクル（計画・実行・評価・改善）とよく言いますが、それは私たちの業界でも使います。複数の職員がかかわるんで、記録をとることを共通認識にして。計画して、実行して、再検証して、というのをずっとずっと繰り返しています」

自分がいなくても大丈夫な仕組みをつくる

ここまで来たらもう何でも聞いてみよう。そう思って、素朴な疑問を聞いてみた。ものを投げつけていたりするときって、西田さんでも怖いと思うのだろうか。

「ずっと怖いですよ。物を投げられたり噛みつかれたりして怖くない人はいないです。たとえば、人の髪を引っ張っちゃう人がいます。こうした場合、本人への対応の整理もそうですが、職員さんに対するフォローも必要です。課題となる行動が出やすい場面は、ほかのスタッフが同席するようにとか。こうした行動は、あたらしく来た職員に出やすかったりもするので、少しずつ距離を縮めていき、利用者さんご本人が得意で安心できる場所から、あたらしい職員とかかわってもらうようにしています。誰かが一緒にやるとか、行動が出やすいような場面そのものがなるべく起こらないようにしています。

大事なのが、ご本人の前で、髪を引っ張る話は一切しないことです。誰々さん、髪引っ張ったらあかんやろ、とか。そんなん本人はわかってるんです。それが一番、職員が注目してくれるとわかっているからやっているのに、『今日髪引っ張ってへんですか』なんてわざわざ言う必要はない。ダチョウ倶楽部の『押すなよ押すなよ』と一緒ですよね（笑）」

戸波さんが言っていた、「知ろうとしないと、歩み寄ることすらできない世界」という言葉を思い出す。課題となる行動は、気を引くとわかっているからその行動が出る場合もある。それは本当に、知らなければ、理解できないままだろう。

課題となる行動に関連して、愛着障害についても聞いてみた。

「先ほどの髪を引っ張ってしまう行動のある方も、愛着の形成が不完全な状態です。愛着と聞くと愛のない生育を思い浮かべがちですけど、ご本人の理解も含むんです。愛のある環境だけど、周囲の方との関係をうまく築けなかったりすることもあります」

愛着障害の場合、ときに周囲との関係が共依存的になることがあるという。西田さんは、「職員も共依存にならないように気をつける必要があります」とつづけた。

「心地いいんですよ。誰だって、その方の対応が上手くいっている自分のほうが気持ちいいじゃないですか。いつも髪を引っ張られているより、自分がいるときは髪を引っ張られないほうがうれしい。これが危険なんです。『自分のときは大丈夫』の裏には、『自分がいないと大丈夫じゃない』がセットでついてきますから。『ほらな、自分がいたら大丈夫やろ』って言いたくなる。それではダメなんです。自分がいてもいなくても大丈夫な仕組みをつくることが、支援者の本当の専門性です」

他者に必要とされたい、必要な存在でありたいという欲望から離れるのが難しいことは、私にも身に覚えがある。

「まあでも、こういう話は、全体に向けてはしないですね。個別で話す機会に、ちょっとずつ差し込んでいくみたいに話すことが多いです。施設内研修の講師をいつも、若い職員さんにお願いするんですよ。自閉症の特性理解というのを、二〜四年目の職員さんに担当してもらって、打ち合わせを何回かするんですけど。普段の支援で大事だと思っていることを、次の打ち合わせまでに持ってきてもらっていいですか？　という感じで話します。そういう機会に、職員と利用者さんの共依存の話をスッと差し込んだりします。そうすると、言われるほうも素直にメッセージを受け取れる。研修は、自分自身の学びも兼ねているんですよ」

事前アンケートで尋ねていた、ケアという言葉についてどう考えますか、という質問。

「普段は使わないですね。なんでかなと思っていたんですけど、する側・される側の概念がついてくるからかなって。ケアする人、ケアされる人、ってイメージがついてしまうからかもしれません。意識的に避けてきたわけではないと思いますが、日々の支援のなかに、ケアという言葉を使わなくても伝わる言葉があるのかもしれないですね」

私もそんな気がしていた。支援のなかに「ケア」はしっかりと組み込まれている。気づくことが目の前の人の生き死にを左右するという大矢さんの言葉。気にかけて、気がつくこと。知ろうとすること。

「言葉に左右されるものでもないですからね。障害者の〝害〟をどう表記するかについても、僕、実はあんまり興味ないんですよ。表記にあれこれ言う時間があったら、本人に向き合ったらええんちゃうの、って思うんです。そもそも、〝障害者の誰々さん〟と思ってないんです。そこにいる〝誰々さん〟って人で、そこに障害という特性があるというだけ。その特性を知って、学んで、その人に近づいていって、働きかけることが支援です」

〈翼〉の取り組みやここで共有されている価値観は、私からすると目を覚まされるようで、特別なものに思えた。これは、他の法人でもそうなのだろうか。

「普通だと思います（笑）。〈翼〉でも、突拍子もないことをやっているわけじゃないです。だけど、標準化された考えから外れない工夫はしっかりしていますね。自閉症の方へのメソッドは確立されています。事業所内での働きかけはもちろんですし、外部の研修に行くし、施設見学に行くし、法人同士で交流もする。それをずっとやっています。普通の状態を、ちゃんと保てるように」

事業所の思いに偏りすぎず、常に外部を意識した支援を心がけているという。

「自分の役割もそこにあると思っているんですよ。外の風が入るように、外とつながりつづけること。あたらしい話を全部断れば入所施設はなんぼでも閉鎖的にできるし、なんぼでもここだけで完結できるんで。

現場の職員さんから、研修や勉強会に誘われたんですけどって話があったら、ぜひ行ってきて、って言います。これは職員さんのためにもなります。自分の世界がここの事業所だけになると、何か問題があったとき、それが自分のキャパの大半を占めてしまう。でも、外に世界を広げたら、『あれ、案外そんなに大きなことではないのかも』ってなる。少し俯瞰《ふかん》的に見れたらいいですよね。問題自体を小さくするのはしんどいこともあるんで。そんなこんなでやり過ごすのも必要でしょうからね」

インタビューの最後に、強度行動障害への支援は、その判断基準や症状に該当しない人にも当てはまる気がしました、と西田さんに話してみた。

「そうです。耐えられない環境に、ずっと置かれていたらどうなる？　見通しが見えないところで、ずっとがんばれって言われたらどうなる？　って。そらそうなりますよって。人を叩いてしまう。人を叩けない人は、自分を叩いてしまうこともあるんです。ストレスを避けて、自分が落ち着く心地よいことをつづけていたら、それがこだわりになる」

誰だってそうなりますね、と私は同意した。

実は、最初西田さんと話しはじめたとき、その眼差しで自分を見透されているように感じた。だけど、インタビューが進むにつれて、見透されているのではなく、見守ってくれているという安心感に変わった。

戸波さんがインタビューで繰り返し語っていた、前の職場の上司とは、よく考えてみなくても西田さんのことだった。

＊

インタビューを終えて、また彩雲館に戻ってきた。目の前には、たくさんの冊子が山積みになっている。

南山城学園には、『希求《ききゅう》』という研究誌がある。四十年近く、年一回のペースで刊行されている。各事業所からひとつ実践研究を発表する「実践レポート集」とも呼ばれていて、職員さんのあいだではその名前のほうが通りが良い。そんなものがあると知って、読みたいですと佐々木さんに言ったら、後日、大きく頑丈な紙袋三袋に入れて、彩雲館に持ってきてくれた。受け取った紙袋はずっしり重たく、いまにも底がバリバリッと抜けそうだった。

紙袋には、現存するほぼすべての『希求』のバックナンバーと、「こんなのもありますよ」と、広報誌『サムシングニュー』の現存するほぼすべてのバックナンバーが入っていた。

平日はインタビューと取材メモをまとめるのに必死で、なかなか読む時間が確保できていなかった。さて、一体いつ読もうと思っていたら、車で移動中に佐々木さんが、「西川がね、『わあ、すごいなあ！　さすが安達さんや。全部読みはるんや！』って感心していましたよ」と言っていた。

――ええ。読んでみせますとも。何があっても。

幸い、私は土日も彩雲館に滞在させてもらっていた。資料を読み込むのに必要な時間はバッチリ確保されていたのである。

実際に、この『希求』と『サムシングニュー』という資料に当たれたことは、私にとっても幸運なことだった。気づけば、和室でどっかりあぐらをかいて、ひたすら読みつづけていた。その当時の職員さんの言葉や、学園の風景、支援のしかたの変遷に、使われている単語の変化。貴重な資料で、これだけで資料室があってもいいくらいだと感じたほどだった。

『希求』の創刊が一九八七年。とくに当時はインターネットがない時代だ。読んでいると、福祉の本質を問うような熱い記事もあったりする。この誌面で、福祉に携わる人たちが刺激を与えあっていたのかと思う。

『サムシングニュー』は、また違った意味で面白かった。インタビューをさせてもらった職員のみなさんが誌面に登場する。西田さんも、いろんなところに出てきた。『希求』のほうにも、何度も寄稿されていた。ひとつひとつ読む。

膨大な情報をインタビューで受け取ったと思っていたが、それはほんの一部だったということがわかった。名エッセイと言いたくなるような、胸を打たれる名文もある。

たとえば、「給食」は食をたまわるという意味であり、出されたものに文句は言わないという意味があるとして、利用者さんの食事に対して、給食という言葉は使わないと書いている栄養士さん。

ほかにも、織物工芸を利用者さんと行っていた職員の方は、労働の意味について書いていた。障害のある方が作る織物は、一流の方が作ったような作品ではないかもしれないが、かといって、企業に安く買い上げられるためのものでもない。じゃあなぜ織物工芸をおこなう意味があるのかというと、人生のなかでその織物を作る仕事をしたんだという誇りが大事なんだと。

岡山県瀬戸内にあるハンセン病の療養所で精神科医として勤務した神谷美恵子《かみやみえこ》さんは、著書のなかで、ある仕事を十年以上もやっていると、その仕事は逆にそれをやる人間をつくり変えていく、と書いている。利用者さんの変化を間近で見てきた職員の方の文章に、私はそんな言葉を思い出した。

もう何十年も、毎日繰り返されてきた支援の詳細を実践研究という形で読むと、途方もない実践の上に、現在の支援は成り立っているのだとわかった。『希求』と名付けられた、実践研究誌。それは、過去から未来に向かって投げかけられた、問いのかたまりだった。

第10章

わからなさを大切に、複雑性と向き合う

最後のインタビューが始まった。

これまで、最年少の二年目の西川さんから始まって、若手、中堅の方そして大ベテラン勢に話を聞かせてもらってきた。回を重ねるごとにインタビュー時間は伸びて、ほとんど対話のようになっていった。疑問をぶつけて、それに答えてもらう。それによってまた話が引き出されていく。福祉に対する驚きが、どんどん更新されていく。

そのプロセスそのものが、なんだか、らせんのようだった。前に進んでいくうちに、最初と同じ場所に戻ってきたように感じる。だけど完全に同じ地点ではない。前よりも高い位置に上がっているのだ。

最後にインタビューをさせてもらったのは、障害者支援施設〈光《ひかり》〉の副施設長である、山

本周平さんだった。拙著『臆病者の自転車生活』（亜紀書房）を事前に読んでくれていたそうで、開口一番に、

「僕もね、自転車乗るんですよ」と話してくれた。

なるほど！　合点がいった。自転車乗りの人たちに共通する、どこか飄々《ひょうひょう》とした感じ。細身で、でもよく日に焼けて、筋肉がついていて、ひょいひょいと傾斜のある坂も越えて、きつい坂のはずなのに、頂上の景色を見て楽しそうに笑っていそうな。ツール・ド・フランスの覇者たちは、まさかこの人たちが約一か月、毎日百キロ以上も走りつづけるレースの頂点に立った人だとは絶対に気づかないような雰囲気の人が多い。山本さんはロードバイクには乗っていないというけれど、どこかそんな風が吹いている印象があった。

社会福祉の仕事がいつかなくなれば

あるとき、大きな就職フェアで、ひとりポツンとブースに座って就活生を待っていた佐々木さんの前に座ったのが、山本さんだったという。そのフェアは一般企業がほとんどで、そ

もそも唯一の社会福祉法人である南山城学園のブースには誰も来ず、佐々木さんはもう帰ってしまおうかなと思っていた矢先だった。

何か独特の雰囲気があったんですよ、と佐々木さんも言っていた。私の第一印象も同じだった。山本さんは、はじめて学園を見学したときのことを話し始めた。

「南山城学園の建物とか、本園の広場の地形が目に入ったんですよ。広場って、真ん中のあたりが小山になってボコボコしていたりするじゃないですか。元々アートが好きで、そういう感覚は大事にしているんですけれど、そこが面白いなって。そこから入ってしまって」

思わず、同じです！　と答えてしまった。私も南山城学園に来て最初に印象に残ったのは、まず建物と景観だった。庭のボコボコした小山は、運動のために上ったりすることもできるし、小山と小山のあいだを通り抜けてもいい。そして何とも清々しい場所なのだ。

「びわの木もあるんですよ。季節には利用者さんが実を採って食べてはったりします（笑）」

山本さんは、元々福祉を学んでいたわけではない。

「大学は福祉学部ではなく文学部地理学科でした。地図を書いたり、福祉とは全然違うことをしていましたね。佐々木さんと就職フェアで話しているうちに、見学どうですか、となって、そこからトントントンと試験を受けることになり、じゃあ働いてみようかとなったんです」

山本さんと話すうちに、なんとなく、自分が感じていた親近感の正体がわかり始めた。とても人文学的な視点を持っているのだ。

「最初の三か月だけ〈翼〉で、その後事務局で一年。総務の仕事をして、〈光〉に配属になりました。一度〈翼〉に戻って、また〈光〉に戻ってきたという感じです。希望したわけではなく、言われるがままに」

と言いながら笑う。現在、日々の業務としては、副施設長としての業務のほか、強度行動障害や自閉症のある方の支援を行っている。

私は、『希求』で読んだ実践研究にあった話を聞いてみた。利用者さんの課題行動は、人を叩いたりということだけではなく、排泄物を体全体や壁に塗りつけたり、人のものを取って食べてしまうというようなものもあるという。それまで福祉にかかわった経験のない、ある意味で門外漢だった山本さんが、新卒で突然そうした職場に配属になるのは、実際、どういうプロセスだったのだろうか。

「その状況をどう受け入れたのか、ってことですかね。まあ、最初は、『え？』って思いますよね。『え、なんでそういうことするの？』って。でもそれをこう、正面から受け入れなあかんなって話でもないかなと。深く考えすぎないように、ちょっと斜め向いてみたり、斜に構えてみる。まっすぐぶつかってしまうとお互い折れてしまうから、うまいこと逃げるようにはしています」

とはいえ、つらい思いをすることはないのだろうか。

「いまだに排泄物をそうされたりすると、ああ〜ってなったりもしますけどね（笑）。でも、人によっては、おお、出て良かったねえ、と思える方もいらっしゃいますし。最終的には、自閉症がどうとかじゃなくて、まずその人自身を受け入れる。その後、行動も受け入れるっていう感じですね。でも、その行動自体が、その人にとって、ずっと変わらず当たり前のものってことでもないですから。別の方法に置き換えたり、環境や支援で変えていったりして、みんなで考えるようにしています」

山本さんは、それにね、とつづける。

「排泄に関しては、ゆくゆくは自分がお世話されるほうになっていきますもんねえ。する側とされる側の垣根も、本当はないのかもって思いますよ」

たしかにそうだ。こうやって福祉について聞いている自分だって、いつか突然お世話になるかもしれない。長い目で見れば、支援をする人とされる人の区別だって、本当はないのかもしれない。西田さんも、支援する側とされる側の区別はないと言っていた。

私が事前に投げかけていた「ケア」に対して思うことについて語ってくれた。

「ケアというお話、考えてみたんですけど。僕ね、究極、社会福祉という仕事自体がいつかなくなればいいなって思ってて。みんながそれぞれでちゃんと気遣《きづか》って助けあっていける社会なら、支援員なんていらんやろうし」

それは、私が大学院で学んでいた、開発学でも同じことが語られていた。貧困削減、人権、社会平等のために開発学という学問は発展してきたが、そんなものがそもそも不要になればいい、というのはみんなが語っていたことだ。そんな日がいつ来るのかはわからない。その道は遠い。だからこそ、日々の歩みを繰り返していく。

福祉も能も、解決しない

「副施設長になって〈翼〉に異動になったので、管理職としては六年目ですね」

どうですか、と聞いてみると、「管理職ね、僕たぶん合ってないです」と笑った。

「管理職の仕事としては、半分で利用者さんを、もう半分で職員をみていくわけなんですけど、もっと利用者さんと一緒にいたいという気持ちがあります。でも、そのためにこそ、仕組みや運営が大事なんです。管理職だからこそ自分で時間をつくれて、本当にいまの支援どうなんやろか、次の支援どういうことができるかって考えられるのはありがたいですね」

一歩引いて、長期的な部分も見据える時間もできたという。展望についても聞いてみた。

「施設という意味では、知的障害のある利用者さんの高齢化が進んでいます。〈光〉だけでなく〈輝《かがやき》〉と、同じ敷地内のデイサービス〈わこう〉で、身体機能のリハビリができないかなどという話は出ていますね」

〈煌《きらめき》〉で行っているリハビリなどを醍醐エリアでも行っていく感じだろうかと聞くと、山本さんはうなずいた。

「学園のスケールメリットを活かして、〈煌〉から理学療法士さんに来てもらって、リハビリができるようになる、とかありえます。〈光〉のある醍醐エリアは民家も隣接していますし、地域の方との交流は、もっと考えられます。ここは以前から地域交流は多かった場所なので、もしここでリハビリという話が出てきたら、地域貢献になるのかなと話が出ていますね」

実は、土日を学園で過ごしてから山本さんにインタビューするまでのあいだに、私は別の法人の福祉施設でお話を伺う機会があった。高齢化と人口減少が進む地域では、地域の福祉を支える人手がとにかく足りていない。新卒がゼロという組織は決して珍しくない。行政が福祉に対して積極的に動いていないケースもある。海外から来た介護人材が主戦力だったりするという。きっとそんなふうに、各地で課題があるんじゃないか。

「学園でも、僕が入った一四年前くらいはパートの方がもっとおられたんですよ。マンパワーって意味では少し減ってきているのは、福祉業界の傾向としてあるかと思います。学園では、人事ががんばって職員を採用していますけど、学園だけが良ければいいなんてことはないですからね。それで地域に福祉のサービスが行き届かないのは問題です。いくつかの社会福祉法人で一緒に連携して、協力してやっていくとか、今後も連携の方向性は進んでいくんじゃないかと思います。現在でも、法人間で人の交流があります。〈光〉にも、他の社会福祉法人の職員さんが出向してこられて、一緒に働いていています。自閉症とか知的障害のある方と接して、それからまた元の職場に帰っていただいて、というのは、経験の共有になって、両方強みになりますよね」

山本さんは、山に登り、岩登りをする。コーヒーも詳しい。とても多趣味だ。休日もメリハリをつけているという。それについて聞いてみると、こう話してくれた。

「人生経験って大事やないですか。僕は、映画が好きで、本も好きで。物語を追体験することで自分の経験が増えていくと考えています。僕、結構飽き性なんです。広く浅く、というタイプなので、何かひとつの分野を突き詰めていくよりは、幅広く別のところに興味を持つんです。それなのに、福祉の仕事は意外とつづいています（笑）。合ってるには合ってるんですね。ケアマネジャーの資格を取ったばかりで、いま死生観にも興味がある。それも勉強していきたいです」

死生観。ここに来て、はじめて出た言葉だった。だけどその言葉がここで聞かれたのも、必然であった気がする。学園の敷地内にある、慰霊碑の姿が浮かぶ。

「福祉って、生まれてから亡くなるまでのすべてにかかわることができます。僕は現在、成人の方で、自閉症の方の支援を中心にしていますけど、老いとはなんやろうとか、地域のなかで、どう最期を迎えていくんやろうって、そこがいま気になりますね」

私も気になっていたことだった。古い『希求』を読んでいると、元々の家にある仏壇に手を合わせたい、墓参りをしたいと願う利用者さんのことが書かれていたりもした。クリスチャンだったり、いろんな信仰をもつ方もいるだろう。そういう部分は、学園ではどうケアされているんだろう。

私は、死と生という言葉の連想で、二〇二四年に出会った能について山本さんに話した。能は、世界でおそらく唯一、死者を主人公にした芸能だといわれている。能にはさまざまな形があるが、霊的な存在が主人公となる夢幻能《むげんのう》では、何か恨みや困りごとを残して死んだ霊（シテ）が、橋の向こうからスーッと現れる。シテが語る、無念だったり、苦しかったことだったりの語りを、人間である旅の僧（ワキ）が、ただ受け止めるように聞く。過去に起こったことは変わらないし、とくに何も解決はしない。だけど、聞いてもらえるだけで、霊は何かが満足するのか、美しく舞って、フーッとまた橋の向こうへ帰っていく。

自分でもなぜ能の話を始めたのかわからないが、山本さんは「それって福祉的ですね」と言った。

「解決しない、っていうのが福祉的ですね。答えはない。程よくあるって大事なんですよね。モヤモヤしていて、でも解決しない、みたいなことってありますが、それでも誰かが口にすると、それだけでちょっと気持ちが晴れたりする。話すだけでもちょっと違う」

モヤモヤして、解決しないこと。もちろん解決に向けて動くのは当然だが、山本さんは、人間の「わからなさ」を大切にしたいと語る。

「学園は、エビデンスに基づく支援をしています。もちろんそれは大事なことですが、エビデンス以外のところにも大事なことがいっぱいあると僕は思います。だって、相手は『人間』なので。人間的やなあってところに触れていたいなって思っています」

答えのない日々。村地さんが話していた、かつてのＫＫＤ（勘、経験、度胸）。現在はそれらが見直され、エビデンスに基づく支援が導入されている。そしてそれ自体も、また別の視点から見るとどうなるだろう。揺れ動く、多様な視点をもって、目の前の人に向き合っていく、らせんの日々。

「人の生活やから。どんなにデータとっても、結局わからんことってあるんですよ。わからん、とわかっていること。その前提に立って、その人のことを少しでも理解していきたい

——理解するというのさえ、おこがましいかもですけどね。

複雑性を大事にしたいんです。支援ということにとらわれると、ときに無理やり、因果関

係をつくってしまいかねない。どんなにデータをとろうとしても、でも、人間やん、気分や環境ですぐ変わるやんって。それをチームでも話したいですね」

開発学でも似た議論があったことを思い出した。量的・質的調査のどちらもやるという授業があった。量的調査は、調査によって得られた数値などのデータから分析をおこなうというもので、エコノミストのバックグラウンドを持つクラスメートはこの方法に慣れていた。一方、質的調査は、住民への聞き取りやその手記などを集めて分析する。これは文化人類学や社会学のバックグラウンドを持つ人に馴染みがある。だけど、データと語り、どちらかだけでは当然取りこぼしてしまうものがある。どちらも比べて、調査結果を出していく。

「支援のなかで、人間的な、いろんな視点で見ていく必要があるって気づけたのは、〈翼〉に最初に配属されたときに、西田さんのところで働けたおかげです。とにかく利用者さんひとりひとりの個別性を理解しようとして、その複雑性にそのまま向き合っていました。そこで支援に対する考えが変わりました。人間ってとても複雑。わかったようになったって、そんなもんじゃないじゃんって」

山本さんに聞いてみようと思っていたことがあった。古い『希求』のなかに、タバコを吸いすぎる利用者さんのエピソードが書かれていた。職員が、そんなに吸ったら健康に悪いと言うと、利用者さんがすごく反発したという。職員だって、タバコを吸いすぎたりするだろう。それなのに、なんで俺だけダメなんや、と。そう言われた職員さんは、そうやなあ、と思ったそうだ。だけど、それでも健康上許容できない喫煙量はある。話し合いの末に、吸っていい、黙認、となったそうだ。

山本さんだったらどうしますか、と聞いたら、そうですね、と考えて話してくれた。

「いまの僕であれば、本人の希望と状況を考えて話しながら、ひとつの選択肢として吸ってもいいと思いますね。〈あっぷ〉という通所のデイサービスでも、利用者さんで吸ってはる人いましたし。吸いすぎはやっぱりアレなんで、本数決めて、とかはありましたけど」

でも、それが守れたらみんな苦労しない……。

「ある人はいいと言う。別の人はよくないと言う。え、なんで？　ええやんって。そうやって話しつづけるのが大事なんやと思います」

話しつづけること。ぐるぐると答えのない問いに対して、みんなで話しつづける。結論が出ないときもある。それでも対話をやめない。そうしているうちに、あらたな視点が持ちよられ、らせんの軌道も変わっていく。同じことを繰り返しているように見えても、高みに向かっているのだ。

*

山本さんのインタビューを終えて、すべてのインタビューが終わった。膨大で濃密な時間を過ごしたが、本当にあっという間だった。

佐々木さんが車で送ってくれて、ＪＲ六地蔵駅のホームで京都に向かう快速を待っていた。ホームで、子どもと目が合った。私の目線に気づいて、笑っていた。若いお母さんは、子どもを抱っこしてあやす。お母さんのスマホケースには、子どもが描いた絵が飾られていた。

私は子どもに、手を振った。子どもが満面の笑みで笑っていたからつられたのだった。あの子どもが大きくなっていく。お母さんも歳を重ねていく。それを見ている私も歳を重ね、そしてまた、誰かが生まれ、日々を生きていく。

私は南山城学園で、福祉に出会った、と思った。だけど、私はすでに福祉のなかにいたのだった。気づいていないだけだった。

福祉は、生まれてから亡くなるまですべてにかかわる。それは人の生に丸ごと寄り添うものなのだ。

エピローグ

この道が永くつづくように

最後の日の朝、部屋を掃除して、荷物をまとめた。今日も光が差している。私はここの建物が好きだなあ、と思う。なんで自分が繰り返しそう感じるのかも、いまはわかる。

私は昭和の終わりに生まれ、バブル時代は記憶にない。氷河期世代というわけでもなければ、ミレニアル世代というわけでもない。なんと言っていいかよくわからない、名前のない世代だと思っているが、ちょうど大学を卒業するころにアメリカでリーマンショックが起こった。景気の悪化に伴い、大量の「派遣切り」という問題が起こる。派遣社員になった友人が行った先は、タコ部屋みたいに他の派遣社員が押し込まれていた。パイプ椅子で、長時間労働を余儀なくされていた。みな、名前ではなく「派遣さん」と呼ばれていた。その後、別の会社に転職したとき、同僚から「◯◯さん、ありがとう」と名前でお礼を言われてびっくりしたと話していた。そういった話をたくさん聞いたことがある。

長時間座るのに、パイプ椅子。それはわかりやすく「お前は大事ではない」と示すメッセージを放っている。お前にかける予算はないというメッセージ。もちろん、何か目標があって、限られた資源のなかで必死でやりくりをして組織のみんなでがんばっているような場合もたくさんあるだろう。それを否定するわけではないが、どうしても思い出してしまう。自分の大事な人が、パイプ椅子に長時間座らされ、名前で呼ばれさえしない環境のことを。それをよしとさせる社会があることを。

外に出て、朝の本園をまた歩いた。慰霊碑にいく。数日前にここにお参りに来ていたときに、ちょうどどなたかが坂を上がってこられた。水の入った手桶《ておけ》とひしゃくを持った職員さんだ。毎朝職員が交代で掃除をして水を変え、清めているという。ぱしゃ、ぱしゃ、と慰霊碑に水をかけていく。残暑が厳しい十月の頭に、冷たい水が気持ちよさそうだった。

慰霊碑を見上げる。「この道は遠くとも」という文字。

学園が設立されてから六〇年。はてしないと思われたその道が、しっかりと、永くつづいてきたということでもある。その道には、私がインタビューする機会を得た方々がいて、その瞬間その瞬間に、利用者さんと過ごしてきた日々がある。そこで話された言葉がある。そのひとつひとつの何気ない声がけや、きめ細かい介助。そうした日々の支援が、途切れずにつづいてきた。

大日如来の彫られた慰霊碑は、本園のほうに向かっている。まるで、小高い丘の上から見守っているように見えた。そして、本園もまた、慰霊碑を見上げている。

安田登先生の大日如来の曼荼羅講座を思い出した。空海が唐に渡り伝授された曼荼羅である『金剛界曼荼羅』。何も知らないとただ仏が並んでいるようにしか見えない曼荼羅には、実は動きと流れがあるのだという。実際にその流れをやってみようと、参加者みんなでワークショップをした。

大日如来がまず中心にある。大日如来は、菩薩《ぼさつ》を生み、菩薩は大日如来を囲むように四隅に進む。生まれた菩薩はお返しとして、それぞれ大日如来に向かって歌や御香《おこう》などを捧《ささ》げ、供養《くよう》する――それは私にはまるで祝福のように思えた。そして大日如来は「お返しのお返し」として、またあらたに菩薩を生む。そうやって曼荼羅絵図が作られていく。仏教ではそれを相互供養というそうだ。

向かい合って立つ、慰霊碑と本園は、お互いに見守りあっているのかもしれない。

本園の円形の広場は、丸い遊歩道で一周できるようになっている。平坦ではなく、ゆるやかなアップダウンがある。そこを毎日、腰に歩数計をつけて、ぐるぐると回っている利用者さんたちがいる。閉じた円環の動きのように見えるかもしれないその行動を、「日本旅行だ」と見立てて、日本地図を作った職員さんがいる。

学園に来てから幾度となく、ここで職員のみなさんが支援者としてやっていることは、福祉の世界では当たり前なんですか、と聞かずにはいられなかった。どこもみんな同じ気持ちでやっていると思いますよと異口同音に返ってきたが、私のなかではひとつたしかな答えが出ていた。

福祉のなかではそうかもしれないが、社会全体のなかでは、全然当たり前じゃない。

就職氷河期、新自由主義、非正規雇用、能力主義、自己責任の社会。迷惑をかけないように、お荷物にならないように。なんで努力しないんだ。自分が弱ったときに、絶望しかねないような環境のなかで、必死に生きても、かなわないことがある。

私は、学園で積み重ねられてきた思考法やコミュニケーションを学びに、一般企業が研修しに来るようになったらと思った。みんなが生き生きと働く社会。やさしくしあえる社会。虐待の連鎖ではなく、やさしさの連鎖。自分が楽しむことで、目の前の人によりよく向き合える。安心して自分らしく生きられる社会のヒントが、まさにここにあるのだから。

初代理事長の著書にはこんな一節があった。

「社会福祉とは、単に障害者の為にのみあるのではなく、福祉を通して、失われようとする国民の心の豊かさをとりもどす、原動力にもなっていく福祉でなければならない」

私が学園で感じた、「ここには今後の日本社会が良くなっていくための最先端がある」という強い印象。最先端ということは、社会を牽引《けんいん》していく原動力なのだ。

初代理事長は学生時代に精神病院でアルバイトをしていたときのことを、次のように回想している。

「試みに、昼過ぎの山へ出かけて、日の当たった杉の皮に触れてみるがよい。その心地よい暖かさが感じられるであろう。日々、途絶えることなく与えられてきた自然の恵み、そして人の愛。それを受けて育っていく杉の木のように、この病院で患者として扱われている心身障害者が自然の光と自由に明るい環境のなかで、適正な指導訓練を受けられる生活が可能になるなら、彼らにも変わった人生が開かれてくるのではなかろうか」

時代が流れ、指導訓練という言葉は支援という言葉に代わった。それでも、根底にある理念は変わらずにここに流れている。

らせんの日々。同じところをぐるぐると周り、だけどその軌跡から始まっていく。人を大事にするという日々の営み。その軌跡のなかにいる職員さんの言葉や行動は、きっといろんな人のなかに、私のなかにも流れ込み、水路のように人を生かしている。そしてその水は、社会全体に流れ出して、そこに生きるひと、そして社会をも潤わせていくだろう。

この道は遠くとも、と書かれた言葉。短い滞在だったが、それでもさまざまな人から、膨大な語りを聞いた。驚くような支援の実践は、今日も当たり前のようにつづいている。その道が、これからも永くつづきますように。未来を想い、そう願わずにはいられなかった。

謝辞

本文でも少し触れましたが、この本は元々、南山城学園の採用広報の一環として取材を行ったものでした。福祉に携わる方々に直接お話を聞いて、採用パンフレットとはまた違う奥行きや深さで、語りを生かした聞き書きの小冊子をつくる。他にあまり類のないように思えるこのプロジェクトは、次第に誰からともなく「らせんの小説」と呼ばれるようになっていました。

今回の書籍は、一部プライバシーのために仮名を使用した方もいますが、基本的にはノンフィクションです。ですが、彩雲館に住み込んで取材を行い、利用者さんの日々の姿を見て、職員さんからお話を聞き、慰霊碑や建築を前に、語られぬ思いに身を浸《ひた》し、耳を澄《す》ませるなかで、私自身の祖父母の記憶や、これまでの経験とつながり、ひとつの物語のように、本の内容が展開していきました。取材が終わって、住んでいる鎌倉の地に帰ってきてからも、あ、ここは老健だ、ここは認可保育所だ、と、これまで何気なく通り過ぎていた福祉施設の名称や、施設の送迎車などがよく目に留まるようになりました。まさに、知ることで、見える風景が一変したのです。

本書にあたり、南山城学園関係者のみなさまには、日々の業務があるなかで、惜しみない協力をいただきました。ある時からこれは、福祉の本として世に出すべき内容だと、私を含めプロジェクト関係者が強く信じるようになったのは、みなさんの語りがいまの世に必要で、私同様福祉の世界をあまり知らない人にも、深く響くものだと確信したからでした。何より語りそのものに力が宿っていると感じていました。磯彰格理事長、事務局のみなさま、取材を受けてくださった職員のみなさま。心よりお礼を申し上げます。

福祉について何も知らなかった私と、福祉の世界を結びつけてくれた、ぼくみんの今津新之助さん。聞き書きのプロジェクトを提案し、福祉という文脈においても、文筆業という意味でも、親身になって助言をくれた小松理虔《りけん》さん。

揺らぎ、変わり続ける「らせんの日々」のイメージを、やわらかいタッチで表現してくれた土屋未久《みく》さん。手に取ってほっとするような装丁を手がけてくれた坂田佐武郎《さぶろう》さん、学園に流れる風景の写真を撮ってくれた成田舞さん。この本づくりを通して、ともに福祉に出会ってくれた編集の中岡祐介さん。誰も気づかないような細部までケアしてくれた校正の石垣慧《けい》さん。

支えてくれる家族、友人たち。

どれだけ自分が受け取っているかを感じる日々です。

かかわってくださったすべての方に、心よりお礼を申し上げます。

二〇二五年二月　安達茉莉子

南山城学園の「七つの誓い」

(1) 質の向上に向けた意欲と実践

私は、利用者様の幸福のため、利用者ニーズに即応して、結果を出せるよう自らが行動を起こします。

(2) ルールと正確性の重視

私は、利用者様、職員など関わるすべての人々の安心・安全のため、ルールを守り正確性を重視します。

(3) 利用者理解と個別サービスの追求

私は、利用者様の尊厳を守り、利用者様の理解に努め、質の高い個別サービスを追求します。

(4) セルフイメージの向上と影響力

私は、社会福祉の一端を担う者としての自覚と自信を持ち、人々に前向きな影響をもたらします。

(5) 職員の支援と育成

私は、職員として、ともに学び、成長することを、互いの喜び・楽しみとします。

(6) チームワークとリーダーシップ

私は、チームの和を大切にしつつ、立場や状況にふさわしいリーダーシップを発揮します。

(7) 専門性の向上と活用

私は、職務に必要な専門的、組織的能力を身につけ、発展させ、活用します。

南山城学園の「基本理念」

01　利用者様の尊厳を守り、幸福を追求する。

私たちは利用者様の人としての尊厳を重んじ、一人ひとりのかけがえのない人生に寄り添い、ともに幸福を追求します。

02　地域のニーズにパイオニア精神で取り組み、「共生・共助」の地域づくりに貢献する。

私たちは、社会福祉法人として培ってきた専門性やノウハウを最大限に活かし、地域社会における福祉ニーズに率先して取り組み、課題解決に努めます。また、すべての方が住み慣れた地域で互いに寄り添いながら暮らせる福祉社会の実現に貢献します。

03　いつでも誰もが安心して利用できる福祉サービスを創造する。

一人ひとりの特性に応じた適切なサービスを提供するため、さまざまな事業を展開し、安心して利用できる新たな福祉サービスを創造します。

参考文献

『この道は遠くとも——意識改革を通じて社会福祉の推進を』（磯斉志 著、南山城学園）
『蒼海の渦——沖縄の施設と共に歩んだ十二年』（磯斉志 著、南山城学園）
『希求（実践レポート集）』（一九八七〜二〇二三年刊行）（南山城学園）
『世界一流エンジニアの思考法』（牛尾剛 著、文藝春秋）
『武道論——これからの心身の構え』（内田樹 著、河出書房新社）
『神谷美恵子——島の診療記録から』（神谷美恵子 著、平凡社）
『ケアしケアされ、生きていく』（竹端寛 著、筑摩書房）
『ただ、そこにいる人たち——小松理虔さん「表現未満、」の旅』（認定NPO法人クリエイティブサポートレッツ・小松理虔 著、現代書館）

『ネガティブ・ケイパビリティ――答えの出ない事態に耐える力』（帚木蓬生 著、朝日新聞出版）
『強度行動障害のある人を支えるヒントとアイデア――本人の「困った！」、支援者の「どうしよう…」を軽くする』（西田武志・福島龍三郎 編著、中央法規出版）
『能――650年続いた仕掛けとは』（安田登 著、新潮社）

表記について

・南山城学園の職員は施設利用者のことを「利用者様」と呼んでいます。本書では読みやすさを考慮し、「利用者様」と語られていた箇所を「利用者さん」としています。

・個人のプライバシーを配慮し、利用者さんのお名前はすべて仮名としています。

・文中の所属や勤続年数などは取材当時のものです。

・頻出する「自閉症」は現在、「DSM-5-TR（精神疾患の診断・統計マニュアル）」において「アスペルガー症候群」などの個別診断名を包括した診断名「自閉スペクトラム症（ＡＳＤ）」に統合されていますが、文中では実際の発言のまま表記しています。

安達 茉莉子　mariko adachi

作家、文筆家。大分県日田市生まれ。防衛省勤務、限界集落での生活、英国大学院留学などを経て、言葉と絵による表現の世界へ。自己の解放、記憶、旅、セルフケアなど、「生」をテーマにした執筆をつづける。著書に『毛布 - あなたをくるんでくれるもの』(玄光社)、『私の生活改善運動 THIS IS MY LIFE 』(三輪舎)、『臆病者の自転車生活』(亜紀書房)、『世界に放りこまれた』(twililight) など。

Web： https://mariobooks.com/　X / Instagram： andmariobooks

らせんの日々　作家、福祉に出会う

発行日　2025年3月3日　初版

著者　安達《あだち》 茉莉子《まりこ》

取材協力　社会福祉法人 南山城学園

発行者　今津 新之助
発行所　ぼくみん出版会（株式会社 bokumin）
〒600-8191 京都府京都市下京区五条高倉角堺町21
ジムキノウエダビル501
Web　http://pub.bokumin.jp ／ E-mail　pub@bokumin.jp

印刷　株式会社 光邦
装画　土屋 未久
装丁　坂田 佐武郎（株式会社 ねき）
写真　成田 舞（株式会社 ねき）
編集　中岡 祐介（三輪舎）
校正　石垣 慧
企画協力　小松 理虔（ヘキレキ舎）

 978-4-911495-00-1